AF243144

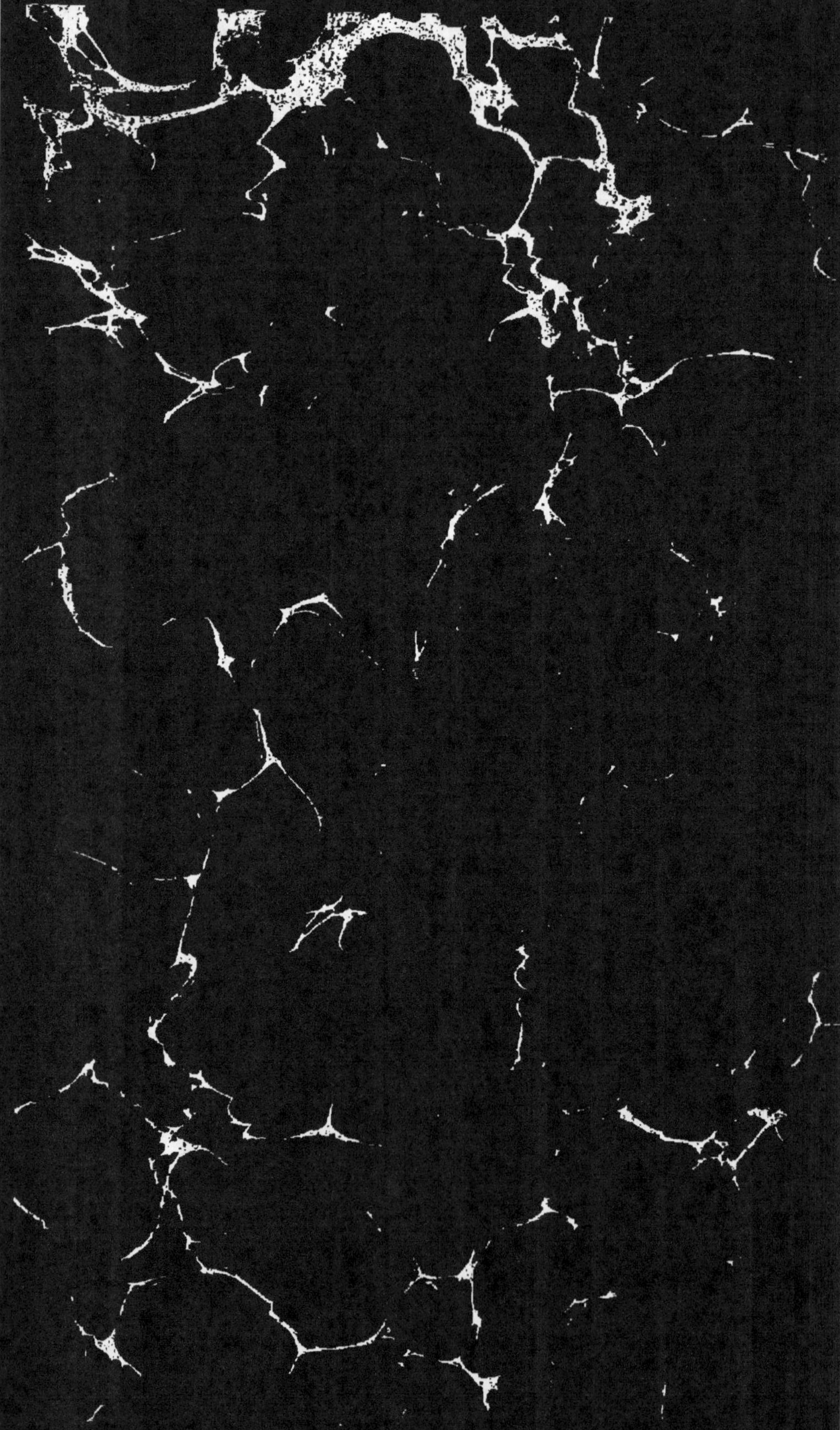

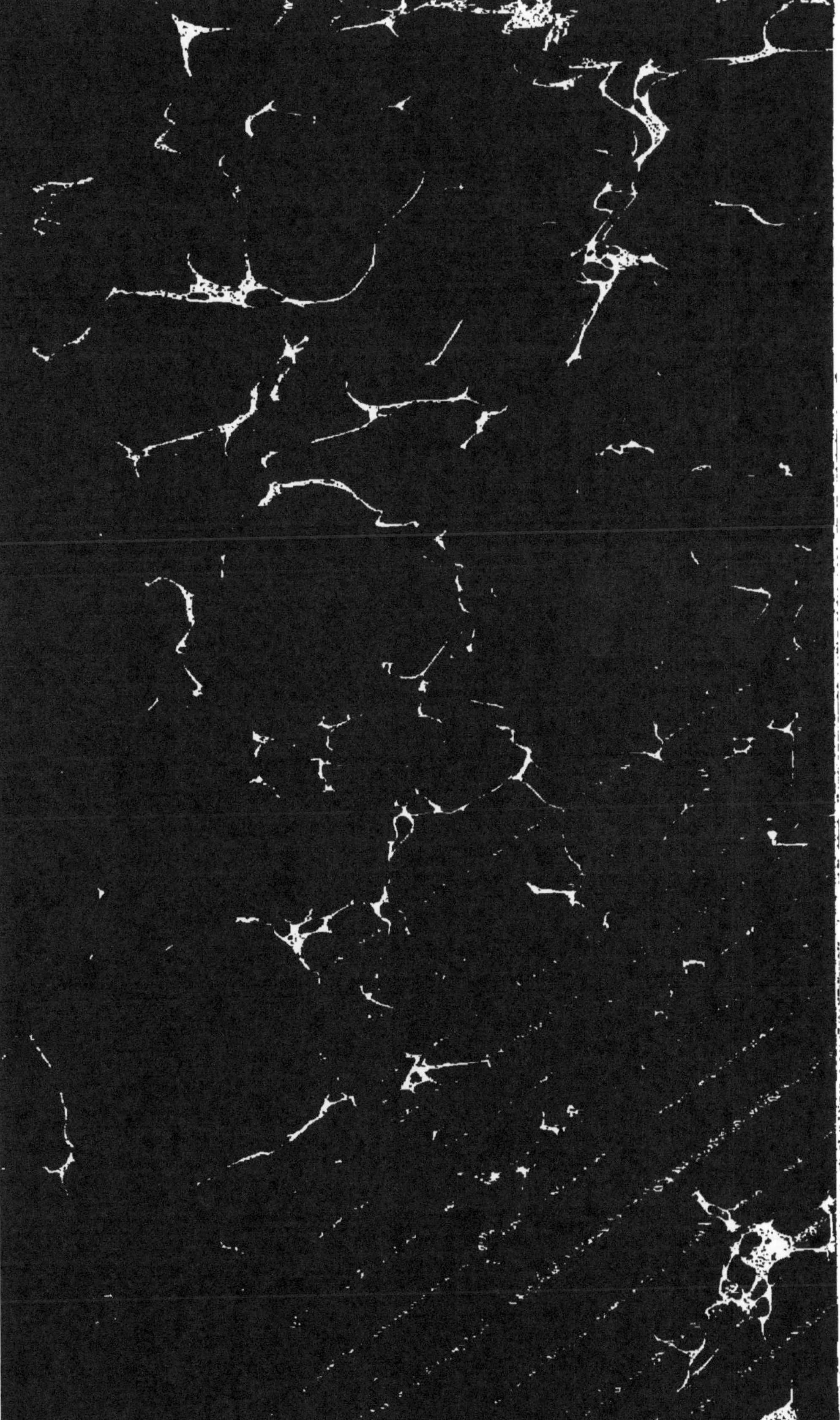

NOUVELLE

GRAMMAIRE

BRETONNE.

NOUVELLE
GRAMMAIRE BRETONNE,

D'APRÈS LA MÉTHODE DE LE GONIDEC,

Suivie d'une Prosodie,

PUBLIÉE PAR LA SOCIÉTÉ ARMORICAINE

DU

BREURIEZ AR FEIZ.

Hô Doué a garont ;
Hô iéz a viront.

*Ils aiment leur Dieu ; ils conser-
vent leur langue.*

TALIÉSIN.

SAINT-BRIEUC,

CHEZ L. PRUD'HOMME, IMPRIMEUR-LIBRAIRE.

1847.

AUX BRETONS.

La Grammaire que nous publions aujourd'hui a été rédigée d'après les principes et la Méthode de Le Gonidec, le législateur illustre de notre langue nationale. C'est un résumé des règles qu'il a posées, augmenté d'un certain nombre de lois grammaticales oubliées par lui, et recueillies par ses disciples. Quand parut le chef-d'œuvre qui a servi de modèle au présent ouvrage, la langue bretonne était livrée au seul bon sens du peuple illettré et au caprice des auteurs. Les grammaires, ces codes littéraires des nations, n'offraient, en Bretagne, qu'un assemblage de lois discutables et contradictoires. Né dans le pays de Léon, où l'on parle le breton classique, Le Gonidec y chercha les règles de notre langue à la source même. Il les nota, les coordonna, ramenant à une pratique uniforme les coutumes locales et particulières contraires aux principes généraux, et le résultat de ses travaux fut tel qu'Abel Rémusat, le plus grand philologue dont la France s'honore, les signala, dans le *Journal des Savants*, à l'admiration de toute l'Europe. Jamais, en effet, une critique plus prudente et plus sûre, jamais une telle sagacité, jamais un tact aussi délicat ne s'exerça sur un pareil sujet. La vraie langue bretonne revit dans toute sa pureté, avec une orthographe à la fois nationale et logique, avec ses lettres étymologiques, sceau ineffaçable qui impose aux mots l'empreinte éternelle de leur signification primitive. Presque oubliée, cette bonne, simple et intelligente orthographe, la seule d'accord avec le génie de notre langue, ne se retrouvait que dans quelques manuscrits très-anciens, comme le *Vocabulaire Breton* de l'an 882, publié par M. Price. Les auteurs n'en suivaient aucune. Le caprice était leur seule loi. Tous les ouvrages imprimés avant notre époque, offrent la preuve de ce système *ad libitum* : le même mot se trouve écrit dans le même livre de vingt manières différentes. Grâce à Le Gonidec, l'ordre, la règle et l'unité remplacent l'anarchie, et, aujourd'hui, les Bretons, dont l'orthographe est désormais fixée, peuvent écrire et parler correctement et uniformément leur langue. Béni soit sa mémoire ! Il a fait pour la Bretagne ce que l'Académie a fait pour la France, et le docteur Johnson pour l'Angleterre ; il a dicté des lois grammaticales et orthographiques que personne ne peut désormais violer.

TABLE DES MATIÈRES.

FIN DE LA TABLE.

NOUVELLE

GRAMMAIRE BRETONNE.

PREMIÈRE PARTIE.

DE L'ALPHABET.

L'alphabet breton a vingt-quatre lettres, dont vingt-une sont simples; savoir : A, B, K, D, E, F, G, H, I, J, L, M, N, O, P, R, S, T, U, V, Z, et dont trois sont doubles, savoir : Ch, C'h, W.

Ces différentes lettres s'énoncent et se prononcent comme en français, excepté : 1° *E*, qui n'est jamais muet, mais toujours fermé et a tantôt le son de l'*e* français dans *bergère*, tantôt celui de l'*e* dans *hébété*.

2° *G*, qui a le son dur du γ grec et du *g* allemand et s'énonce et se prononce *ghé*, jamais comme *j*.

3° *S*, qui est toujours dure, et ne se prononce comme un *z* dans aucun cas, même entre deux voyelles.

4° *Ch*, qui s'énonce comme le *ch* français dans *château*.

5° *C'h*, qui se prononce et s'énonce du gosier, en aspirant, comme le χ grec, l'*x* espagnole ou le *ch* allemand.

6° *W*, qui se prononce *ou*, comme le ʊ grec ou le *W* anglais.

Pour rendre les sons qu'expriment ces trois dernières lettres doubles, il faudrait des caractères particuliers que les Bretons n'ont pas : leur absence a nécessité cet emploi anomal, au reste fort ancien, du *c* uni à l'*h* (quoique le *c* n'existe pas dans l'alphabet breton), et a forcé à recourir au *w* anglais. Nous manquons pareillement de signes propres pour rendre le son, 1° du *g* mouillé, qui se prononce comme l'*ñ* espagnole et comme dans le mot français *moignon*; 2° de l'*l* mouillée, qui se prononce comme dans le français *taille*; 3° de l'*n* nazale, qui se prononce comme dans le français *menton*.

Le Gonidec et son élève, **M.** Troude, ont cru devoir rendre le *g* mouillé par l'*ñ* espagnole, l'*l* mouillée par une *l* soulignée, et l'*n* nazale par une *n* avec une barre au-dessus, et figurée *ñ*. On a suivi cette manière d'écrire, dans cette grammaire.

SIGNES ORTHOGRAPHIQUES.

Accents. La langue bretonne, comme la langue grecque, latine, anglaise et allemande, peut se passer d'accents figurés. L'usage apprend à les placer dans la langue parlée, et les dictionnaires de Le Gonidec (1) et de **M.** Troude (2), où ils sont indiqués, comme dans cette grammaire, pourront corriger les vices de prononciation.

Apostrophe. L'apostrophe (') marque la suppression d'une voyelle ; ex. : *d'in*, à moi, pour *da in* ; *d'az tâd*, à ton père, pour *da az tâd; d'hô mamm*, à votre mère ; pour *da hô mamm; 'ta* pour *éta*, donc ; *béz' ez euz,* pour *béza ez euz*, il y a, etc.

Le trait d'union. Le trait d'union sert à marquer la liaison qui existe entre deux mots. On l'emploie, 1º pour lier deux ou plusieurs mots qui, par le sens, n'en font qu'un ; ex. : *mamm-vró*, patrie; *douar-névez,* terre-neuve ; *éeun-hag-éeun*, tout droit. 2º Entre les prépositions et les pronoms personnels; ex. *gañt-hañ, evit-hô.* 3º Entre les substantifs et les particules *ma* ou *mañ, zé, hoñt ;* ex. : *ann ti-ma*, cette maison-ci ; *ann ti-hoñt*, cette maison-là. 4º Entre les verbes et les pronoms personnels ; ex. : *galvit-hañ*, appelez-le. 5º Entre la lêttre euphonique et le mot radical ; ex. : *né d-inn két*, je n'irai point, pour *né inn két; né d-eo két*, il n'est pas, pour *né eo két; d'é-omp*, à nous, *d'é-hoch,* à vous, pour *d'omp, d'hoc'h.*

PERMUTATION DES LETTRES.

Les lettres muables ou sujettes à permutation, sont : *b, k, d, g, m, p, s, t, gw.* Elles se changent ainsi; savoir : *b* en *v* et en *p; k* en *g* et en *c'h; d* en *z* et en *t; g* en *c'h* et en *k; m* en *v; p* en *b* et en *f; s* en *z; t* en *d*

---

(1) A Saint-Brieuc, chez L. Prud'homme.
(2) *Ibidem,* et, à Brest, chez Le Fournier.

et en *z* ; *gw* en *w* et en *kw*. Le tableau ci-joint contient tous les changements qu'éprouvent ces lettres muables :

Lettres muables.	B	K	D	G	GW	M	P	T	S
Lettres douces..	V	G	Z	C'H	W	V	B	D	Z
Lettres fortes..	P	C'H	T	K	KW		F	Z	

Ces changements ont lieu dans les cas et selon les règles qui suivent :

§ I. APRÈS LES ARTICLES.

Après les articles *ar* , *eur* , on observera, pour les noms au singulier, les changements suivants :

1° *B* se change en *v* dans les substantifs et les adjectifs féminins bretons. Ex. : *báz*, bâton ; *ar váz*, le bâton ; *eur váz*, un bâton. *Bráz*, grand ; *ar vrasa*, la plus grande.

2° *K* en *c'h*, dans les substantifs et les adjectifs masculins. Ex. : *kéré*, cordonnier ; *ar c'héré*, le cordonnier. *Kalet*, dur ; *ar c'haléta*, le plus dur.

3° *K* en *g*, dans les substantifs et les adjectifs féminins. Ex. : *kazek*, jument ; *ar gazek*, la jument. *Kalet*, dur ; *ar galéta*, la plus dure. Il y a quelques exceptions.

4° *G* en *c'h*, dans les substantifs et les adjectifs féminins. Ex. : *gad*, lièvre ; *ar c'had*, *eur c'had*. *Garô*, dur ; *ar c'harva*, la plus dure.

5° *Gw* en *w*, dans les substantifs et les adjectifs féminins. Ex. : *gwarek*, arc ; *ar warek*, *eur warek*. *Gwella*, meilleur ; *ar wella*, la meilleure.

6° *M* en *v*, dans les substantifs féminins. Ex. : *mamm*, mère ; *ar vamm*, *eur vamm*.

7° *P* en *b*, dans les substantifs et les adjectifs féminins. Ex. : *péden*, prière ; *ar béden*, *eur béden*. *Paour*, pauvre ; *ar baoura*, la plus pauvre. — Quelques noms font exception à cette règle ; ainsi, *plac'h*, fille ; *ar plac'h*, *eur plac'h*.

8° *T*, après *ann*, *eunn*, se change en *d*, dans les substantifs et adjectifs féminins. Ex. : *turzunel*, tourterelle ; *ann durzunel*, la tourterelle ; *eunn durzunel*, une tourterelle. *Téner*, tendre ; *ann dénéra*, la plus tendre.

9° Les substantifs masculins, à peu d'exceptions près, changent la lettre forte du singulier en faible, au pluriel, après les articles *ar* , *ann*. Ex. : *ar bélek*, le prêtre ; pl. *ar véléien*, les prêtres. *Ann tavarñer*, le cabaretier ; *ann davarñérien*, les cabaretiers.

10° Les substantifs féminins , au contraire , à quelques

exceptions près, changent la lettre faible du singulier en forte au pluriel. Ex. : *ar béden*, la prière ; *ar pédennou*, les prières.

11° *S*, suivi d'une voyelle, se change en *z*, dans les substantifs masculins et féminins. Ex. : *saé*, robe ; *ar zaé, eur zaé*. — Il y a quelques exceptions que l'usage apprendra.

§ II. APRÈS LES PARTICULES.

Il y a quelques particules après lesquelles les lettres initiales se changent de *fortes en faibles* ; savoir : *b* en *v*, *k* en *g*, *d* en *z*, *g* en *c'h*, *gw* en *w*, *m* en *v*, *p* en *b* ; *s*, suivi d'une voyelle, en *z* ; *t* en *d*. — Ces particules sont : *a, aba, ar ré, da, dam, dem, di, diwar, dré, eil, eñdra, en em, en eur, gwall, gour, hañter, na, né, pa, pé, peūr, peūz, ra, ré, seūl, war*. Exemples : *a zéou*, à droite, pour *a déou* ; *héñ a c'halvaz*, il l'appela, pour *héñ a galvaz* ; *ar ré vrâz*, les grands, pour *ar ré brâz* ; *dam-zellout*, voir à demi, pour *dam-sellout* ; *dem-zú*, noirâtre, presque noir, pour *dem-dú* ; *didruez*, cruel, pour *ditruez* ; *eil-zimizi*, se remarier, pour *eil-dimizi* ; *gwall baotr*, mauvais garçon, pour *gwall paotr* ; *gwall zrouk*, très-méchant, pour *gwall-drouk* ; *gour-glézé*, poignard, courte-épée, pour *gour-klézé* ; *hañter-zall*, à demi-aveugle, pour *hañter-dall* ; *peūr-drouc'ha*, couper entièrement, pour *peūr-trouc'ha* ; *peūz-boaz*, presque cuit, pour *peūz-poaz* ; *ré déó*, trop gros, pour *ré téó* ; *en em zavétei*, se sauver, pour *en em savétei*, etc.

§ III. APRÈS LES PRONOMS POSSESSIFS.

1° Après *ma, va*, mon, ma, mes, les consonnes *k, p, t*, se changent en *c'h, f, z*. Ex. : *va c'haloun*, mon cœur ; *va fenn*, ma tête ; *va zreid*, mes pieds ; pour *va kaloun, va penn, va treid*.

2° Après *da, ta*, ton, ta, tes, toutes les lettres muables se changent de fortes en faibles. Ex. : *da vara*, ton pain ; *da wélé*, ton lit, pour *da bara, da gwélé*, etc.

3° Après *hé*, son, sa, ses, parlant d'un mâle ou d'un sujet masculin, toutes les lettres muables se changent de fortes en faibles. Ex. : *hé benn*, sa tête ; *hé zaé*, sa robe, pour *hé penn, hé saé*, etc.

4° Après *hé*, son, sa, ses, parlant d'une femelle ou d'un sujet féminin, *k, p, t* se changent en *c'h, f, z*. Ex. : *hé c'hein*, son dos ; *hé fenn*, sa tête, pour *hé kein, hé penn*, etc.

5° Après *hor*, notre, nos, *k* se change en *c'h* et *s* en *z*.

Ex. : *hor c'hi*, notre chien, pour *hor ki ; hor zaout*, nos vaches, pour *hor saout.*

6° Apres *hô*, votre, vos , *b , d , g* se changent en *p , t , k.* Ex. : *hô preûr*, votre frère ; *hô tourn*, votre main, pour *hô breûr , hô dourn ,* etc.

7° Après *hô*, leur, leurs , *k , p , t* se changent en *c'h, f, z.* Ex. : *hô fennou ,* leurs têtes ; *hô zâl ,* leur front, pour *hô pennou , hô tâl ,* etc.

§ IV. APRÈS LES PRONOMS PERSONNELS.

Les permutations des lettres après les pronoms personnels, lorsqu'ils sont régimes , ont lieu ainsi qu'il suit :

1° Après *ma, va ,* me, les consonnes *k , p , t* se changent en *c'h, f, z.* Ex. : *évit va c'harout*, pour m'aimer, au lieu de *évit va karout,* etc.

2° Après *am ,* me, on change *k* en *c'h, p* en *f* et *t* en *z.* Ex. : *c'houi am c'harô*, vous m'aimerez, au lieu de *c'houi am karó ; c'houi am fédô ,* vous me prierez, pour *c'houi am pédô ,* etc.

3° Après *da ,* te , toutes les lettres muables se changent de fortes en faibles. Ex. : *évit da wélout,* pour te voir, au lieu de *évit da gwélout,* etc.

4° Après *az,* te, *b , d , g* se changent en *p , t , k.* Ex. : *mé az pévô ,* je te nourrirai ; *mé az kwel ,* je te vois, au lieu de *mé az bévô, mé az gwel,* etc.

5° Après *hé ,* le , toutes les lettres muables se changent de fortes en faibles, comme après *da.*

6° Après *hé ,* la, *k , p , t* se changent en *c'h, f, z.* Ex. : *évit hé c'harout,* pour l'aimer, au lieu de *évit hé karout,* etc.

7° Après *hor ,* nous , le *k* seul se change en *c'h.* Ex. : *évit hor c'harout,* pour nous aimer, au lieu de *évit hor karout.*

8° Après *hô,* vous, *b , d , g* se changent en *p , t , k.* Ex. : *mé hô pév,* je vous nourris ; *mé hô kwél ,* je vous vois , au lieu de *mé hô bév, mé hô gwél,* etc.

9° Après *hô,* les, observez les mêmes changements qu'après *hé,* la.

§ V. APRÈS CERTAINS MOTS ET LES NOMS DE NOMBRE.

1° Après *ô,* en , les consonnes *b , d , g , gw , m ,* se changent, savoir : *b* en *v, d* en *t, g* en *c'h, gw* en *w, m* en *v.* Ex. : *ô voéta ,* en nourrissant ; *ô terc'hel ,* en tenant ; *ô walc'hi,* en lavant, pour *ô boéta, ô derc'hel, ô gwalc'hi,* etc.

2° Après *é ,* que, observez les mêmes changements

qu'après *ó*. Ex. : *mé a oar é werzó*, je sais qu'il vendra, pour *mé a oar é gwerzó*, etc.

3° Après *é*, particule qui se joint aux verbes dans certains cas, *b*, *d*, *g*, *gw*, *m* se changent en *v*, *t*, *c'h*, *w*, *v*. Ex. : *béz'é vévann*, je vis ; *hirió é teuinn*, je viendrai aujourd'hui ; *béz'é c'hortozann*, j'attends, au lieu de *bévann*, *deuinn*, *gortozann*, etc.

4° Après *ma*, que, et *ma*, où, observez les mêmes changements qu'aux articles précédents. Ex. : *grit ma vévinn*, faites que je vive ; *enn amzer ma teu ar glujiri*, à la saison où viennent les perdrix, au lieu de *ma bévinn*, *ma deu*, etc.

5° Après *daou*, *diou*, deux, toutes les lettres muables se changent de fortes en faibles. Ex. : *daou vara*, deux pains ; *diou verc'h*, deux filles ; *diou zaé*, deux robes, pour *bara*, *merc'h*, *saé*, etc.

6° Après *tri*, *teir*, trois, *k*, *p*, *t*, *s* se changent en *c'h*, *f*, *z*, *z*. Ex. : *tri c'hi*, trois chiens ; *teir flac'h*, trois filles ; *tri zi*, trois maisons ; *teir zilien*, trois anguilles, au lieu de *ki*, *plac'h*, *ti*, *silien*.

7° Après *pévar*, *péder*, quatre, observez les mêmes changements qu'après *tri*, *teir*.

8° Après *pemp*, cinq, *b*, *g* se changent quelquefois en *p*, *k*. Ex. : *pemp pioc'h*, cinq vaches ; *pemp kwennek*, cinq sous, au lieu de *bioc'h*, *gwennek*.

9° Après *naó*, neuf, observez les mêmes changements qu'après *tri*, *teir*.

10° Après *dék*, dix, et ses composés, *b* se change en *v*, et *g* en *k*. Ex. : *dék vloaz*, dix ans ; *pévarzék vloaz*, quatorze ans ; *dék kwélé*, dix lits ; *pemzék kwélé*, quinze lits, au lieu de *bloaz*, *gwélé*.

§ VI. Après les substantifs suivis d'adjectifs.

1° Quand un substantif féminin singulier est suivi d'un adjectif, l'adjectif change son initiale de forte en faible. Ex. : *ar verc'h vihan*, la petite fille, au lieu de *ar verc'h bihan*. Au pluriel, la lettre forte revient : *ar merc'hed bihan*, les petites filles.

2° Quand un substantif masculin pluriel est suivi d'un adjectif, ce dernier change son initiale de forte en faible. Ex. : *ar véléien vâd*, les bons prêtres, au lieu de *ar véléien mâd*.

3° Quand un nom d'homme est suivi d'un surnom, ce dernier change son initiale de forte en faible. Ex. : *Iann-Vráz*, Jean-le-Grand.

RÈGLES DE SIMPLE EUPHONIE.

1° *T* final devant un mot qui commence par une voyelle, se change quelquefois en *d*, par euphonie seulement. On pense assez généralement que ce changement ne doit pas avoir lieu dans les verbes. Ex. : *évid éva*, pour boire ; *gañd hé dâd*, avec son père, au lieu de *évit éva*, *gañt hé dâd*. Quelques bons écrivains changent quelquefois aussi, par euphonie, de fortes en faibles, les lettres *k* et *p* devant les voyelles. Ex. : *droug am euz*, jai mal ; *a-énéb ann dúd*, contre les hommes, au lieu de *drouk am euz*, *a-énép ann dúd*. Mais ces permutations sont de pure élégance.

2° Dans les phrases interrogatives, lorsque les pronoms personnels *héñ*, *hu*, *hi*, *hé* suivent le verbe, la lettre faible de ce dernier se change, par euphonie, en forte. Ex. : *kanet en deús-héñ?* a-t-il chanté ? *lennet hoc'h eus-hu ?* avez-vous lu ? au lieu de *en deúz-héñ? hoc'h euz-hu ?*

ANALYSE DES PARTIES DU DISCOURS.

La langue bretonne se compose de neuf espèces de mots : l'*article*, le *nom*, l'*adjectif*, le *pronom*, le *verbe*, l'*adverbe*, la *préposition*, la *conjonction* et l'*interjection*.

DE L'ARTICLE.

L'article défini est *ann*, *ar*, *al*, le, la, les. L'article indéfini est *eunn*, *eur*, *eul*, un, une. — *Ann* et *eunn* se placent devant les mots qui commencent par une voyelle, et devant les consonnes D, H, N, T (1). — *Ar*, *eur* se placent devant les autres consonnes, excepté devant L, où l'on met *al*, *eul*. Les articles définis et indéfinis n'ont ni genre ni nombre. Ex. : *ann dén*, l'homme ; *ann dúd*, les hommes. *Ar plac'h*, la fille ; *ar plac'hed*, les filles. *Eur marc'h*, un cheval ; *eur gazek*, une jument. *Al liorz*, le jardin ; *al liorzou*, les jardins.

DES NOMS OU SUBSTANTIFS.

Ils servent à exprimer toutes les choses, à désigner

---

(1) Il y a exception pour les mots qui commencent par un *i* suivi d'une voyelle ; au lieu de *ann*, on met *ar*, *eur*. Ainsi, *ar ioa*, la bouillie ; *ar iaou*, le jeudi ; *ar iéz*, la langue, etc.

toutes les substances. — Les noms d'hommes, de royaumes, de villes, de rivières, d'îles, etc., s'appellent noms propres. — Les noms sont indéclinables, c'est-à-dire qu'ils n'ont que la variation du singulier et du pluriel. Ex. : *ar paôtr*, le fils ; *eûz ar paôtr*, du fils ; *d'ar paôtr*, au fils ; *ar baôtred*, les fils ; *eûz ar baôtred*, des fils ; *d'ar baôtred*, aux fils.

Le pluriel se forme : 1° par addition de *ou*, de *o* et *eu*, selon les dialectes, aux singuliers terminés en *a*, *b*, *k*, *d*, *e*, *g*, *i*, *ll*, *m*, *nn*, *p*, *rr*, *s*, *t*, *v*, ainsi qu'à ceux terminés en *f* et en *r*, précédés d'une consonne. Ex. : *trâ*, chose ; pl. *traou*, etc.

2° Par addition de *iou*, *io* et *ien*, selon les dialectes, aux singuliers terminés en *c'h*, *l*, *n*, en *o*, en *r*, en *u*, en *z* et en *f*, quand ce dernier est précédé d'une voyelle.

3° par addition de *ed* au singulier des noms de bêtes et de ceux qui marquent la qualité bonne ou mauvaise de l'homme et de la femme.

4° Par changement de *ad* en *iz*, aux singuliers masculins des noms désignant les habitants d'un pays, d'une ville, etc., et par addition de *ed* au singulier féminin des mêmes noms.

5° Par addition de *ien* ou de *ion*, selon les dialectes, aux noms terminés en *ek*, *our*, *eur* ou *ar*, et marquant possession ou qualité. Ex. : *amézek*, voisin ; pl. *amézéien* (pour *amézégien*). *Barner*, juge ; pl. *barnérien*, etc.

Outre le singulier et le pluriel, il y a un duel en breton pour les mots désignant des membres et des objets doubles par nature. Ce duel se forme en plaçant devant le substantif singulier le nombre *daou* ou *diou*, selon que ce substantif est masculin ou féminin. Ex. : *ann daoulagad*, les yeux, etc.

Quant aux exceptions et au genre des noms, le dictionnaire seul pourra les apprendre, ainsi que l'usage.

DES ADJECTIFS.

Ils expriment la qualité, la forme, la propriété des noms auxquels ils sont joints. Ex. : *mâd*, bon ; *krenn*, rond ; *bihan*, petit. Les adjectifs ne varient pas leur terminaison, ni par rapport au genre, ni par rapport au nombre. Ex. : *ann dén euruz*, l'homme fortuné ; *ar vaouez euruz*, la femme fortunée ; *ann dûd euruz*, les hommes fortunés ; *ar merc'hed euruz*, les filles fortunées.

On emploie la comparaison pour augmenter ou diminuer

la qualité. Il y a trois degrés de comparaison : 1° Le *positif*, qui n'est autre que l'adjectif à son état primitif, comme : *ann dén-zé a zó bihan*, cet homme est petit. — 2° Le *comparatif*, qui compare la qualité, soit qu'il l'augmente, soit qu'il la diminue, comme : *ann dén-zé a zó bihanoc'h éget-hañ*, cet homme est plus petit que lui. —3° Le *superlatif*, qui transporte la qualité au plus haut ou au plus bas degré, comme : *ann dén-zé a zó ar bihana*, cet homme est le plus petit de tous.

Le *comparatif* se forme en ajoutant *oc'h* au *positif*, et le *superlatif* en ajoutant *a*. Quelques adjectifs s'écartent de cette règle. Pour ceux qui sont terminés en *o*, cette lettre se change en *v*, et pour ceux terminés en *z*, cette lettre se change en *s*. Ex. : *braó*, beau ; *bravoc'h*, plus beau ; *brava*, très-beau. *Euruz*, heureux ; *eurusoc'h*, plus heureux ; *eurusa*, très-heureux.—Les adjectifs *mâd*, bon, et *drouk*, mauvais, ont des comparatifs et superlatifs irréguliers : *mâd*, bon ; *gwell* ou *gwelloc'h*, meilleur ; *ar gwella*, le meilleur. *Drouk*, mauvais ; *gwaz* ou *gwasoc'h*, pire ; *ar gwasa*, le plus mauvais. — Quelquefois le superlatif se forme au moyen des adverbes *brâz* ou *meurbéd*, très, fort. Ex. : *gwiziek meurbéd*, très-savant ; *dañluz brâz*, fort satirique. D'autres fois, on le forme par un redoublement du positif, comme : *mâd mâd*, très-bon. Quelques adverbes ont aussi léurs comparatifs et superlatifs. Ex. : *pell*, loin ; *pelloc'h*, plus loin ; *pella*, le plus loin. *Aliez*, souvent ; *aliesoc'h*, plus souvent ; *aliesa*, le plus souvent, ou *aliez aliez*.

DES DIMINUTIFS.

La syllabe *ik*, ajoutée à la fin d'un mot, marque la diminution de la signification. Les diminutifs s'emploient aussi comme termes de tendresse, de compassion, de raillerie. Ex. : *ti*, maison ; *tiik*, petite maison. *Va zâd*, mon père ; *va zadik*, mon petit père, mon cher père ; *eur paour kéaz bugélik*, un pauvre petit enfant. Quelques adjectifs et adverbes ont aussi des diminutifs. Ex. : *kousket*, endormi ; *kouskédik*, assoupi. *Va dañvad penn gwennik*, mon mouton à petite tête blanche. *Divézad*, tard ; *divézadik*, un peu tard.

DES NOMS DE NOMBRE.

Il y en a de deux sortes : les noms de nombre cardinaux ou de quantité, et les noms de nombre ordinaux

ou d'ordre. Les premiers sont : *unan*, un ; *daou*, deux ;
tri, trois ; *pévar*, quatre (ces trois derniers font *diou,
teir, péder*, quand ils se rapportent à des sujets du genre
féminin) ; *pemp*, cinq ; *c'houec'h*, six ; *seiz*, sept ; *eiz*,
huit ; *naó*, neuf ; *dék*, dix ; *unnék* (pour *unan ha dék*, un et
dix) onze ; *daouzék* (pour *daou ha dék*, deux et dix) douze,
trizék, treize ; *pévarzék*, quatorze ; *pemzék*, quinze ;
c'houézék, seize ; *seiték*, dix-sept ; *triouec'h*, dix-huit ;
naonték, dix-neuf ; *ugeñt*, vingt ; *unan-war-n-ugeñt*,
vingt-un (mot-à-mot, *un sur le vingt*) ; *daou war-n-
ugeñt*, vingt-deux ; *trégoñt*, trente ; *unan ha trégoñt*,
trente-un ; *daou ha trégoñt*, trente-deux ; *daou-ugeñt*,
quarante (mot à mot, *deux vingts*) ; *unan ha daou-ugeñt*,
quarante-un ; *daou ha daou-ugeñt*, quarante-deux ; *hañter-
kañt*, cinquante (mot-à-mot, *demi-cent*) ; *unan hag hañter-
kañt*, cinquante-un (mot-à-mot, *un et demi-cent*) ; *tri-ugeñt*,
soixante (mot-à-mot, *trois vingts*) ; *unan ha tri-ugeñt*,
soixante-un ; *dék ha tri-ugeñt*, soixante-dix (*dix et trois
vingts*) , *unnék ha tri-ugeñt*, soixante-onze ; *pévar-ugeñt*,
quatre-vingts ; *unan ha pévar-ugeñt* ; quatre-vingt-un ;
dék ha pévar-ugeñt, quatre-vingt-dix (*dix et quatre-
vingts*) ; *unnék ha pévar-ugeñt*, quatre-vingt-onze (*onze
et quatre-vingts*) ; *kañt*, cent ; *unan ha kañt*, cent-un
(*un et cent*) ; *daou ha kañt*, cent-deux ; *c'houec'h-ugeñt*,
cent-vingts (*six vingts*) ; *dék ha seiz-ugeñt*, cent-cin-
quante (*dix et sept vingts*), ou bien *kañt hag hañter-
kañt* (cent et demi-cent) ; *eiz-ugeñt*, cent-soixante (*huit
vingts*) ; *daou c'hañt*, deux cents ; *dék ha daou c'hañt*,
deux cent-dix ; *daouzék-ugeñt*, deux cent-quarante) *douze
vingts*) ; *tri c'hañt*, trois cents, ou *pemzék-ugeñt*) *quinze
vingts*) ; *pévar c'hañt*, quatre cents ; *pévar c'hañt-dék*,
quatre cent-dix ; *dék kañt* ou *mil*, mille (*dix cents*) ;
unnék-kañt, onze cents ; *daouzék-kañt*, douze cents.

Les nombres ordinaux, à peu d'exceptions près, se for-
ment des cardinaux, en ajoutant à ces derniers la syllabe *ved*.

Keñta, premier ; *eil*, second ; *trived* ou *trédé*, troisième ; *pévarded* ou *pévaré*, quatrième (ces deux derniers
font *teirved*, troisième ; *péderved*, quatrième, en parlant
de sujets féminins, et avec l'article *ann deirved* ou *ann
drédé*, la troisième ; *ar béderved* ou *ar bévaré*, la quatrième);
pemped et *pemved*, cinquième ; *c'houec'hved*, sixième ;
seizved, septième ; *eizved*, huitième ; *naved*, neuvième ;
dégved, dixième ; *unnégved*, onzième ; *daouzégved*, dou-
zième ; *ugeñdved*, vingtième ; *keñta war-n-ugeñt*, vingt

et unième; *eil war-n-ugeñt*, vingt-deuxième; *tregoñdved*, trentième; *kenta ha tregoñt*, trente et unième; *daou-ugeñdved*, quarantième; *kenta ha daou-ugeñt*, quarante et unième; *hañter-kañdved*, cinquantième; *tri-ugeñdved*, soixantième; *kañdved*, centième; *dégved ha kañt*, cent dixième; *c'houec'h ugeñdved*, cent vingtième; *dégved ha c'houec'h-ugeñt*, cent trentième; *daou-c'hañdved*, deux centième; *unnék ugeñdved*, deux cent-vingtième; *tri c'hañdved* ou *pemzék ugeñdved*, trois centième; *dék-kañdved*, millième; *unnék kañdved*, onze centième.

DES PRONOMS.

Le pronom est un mot qui tient la place du nom. Il y en a de six espèces : pronoms personnels, possessifs, démonstratifs, interrogatifs, relatifs, indéterminés.

Pronoms personnels.

Ceux-ci sont ainsi appelés, parce qu'ils tiennent la place des personnes. La première est celle qui parle; la seconde, celle à qui l'on parle; la troisième, celle de qui l'on parle.

Première personne. — Singulier : nominatif, *mé, am, em*, je, moi; régime, *ma, va, am, in, oun, en, ac'hanoun*, me, moi. — Pluriel : nominatif, *ni, hor, hon*, nous; régime, *hor, hon, hol, omp, imp, ac'hanomp*, nous.

Seconde personne. — Singulier : nominatif, *té, az, éz, ec'h*, tu, toi; régime, *ta, da, az, id, oud, éz, ac'hanod*, te, toi. — Pluriel : nominatif, *c'houi, hô, hoc'h*, vous; régime, *hô, hoc'h, hu, ac'hanoc'h*, vous.

Troisième personne. — Singulier : nominatif masculin, *héñ*, il, lui; nominatif féminin, *hi, hé*, elle. Régime masculin, *hañ, héñ, her, hel, hé, anézhañ*, le, lui; régime féminin, *hé, hi, anézhi*, la, elle. — Pluriel pour les deux genres : nominatif, *hi, hô*, ils, elles, eux; régime, *hô, hi, anézhó*, les, eux, elles.

Pronoms possessifs.

Ils indiquent la possession. Les pronoms possessifs ne prennent ni genre ni nombre. Ces pronoms sont : *ma, va*, mon, ma, mes; *ta, da*, ton, ta, tes; *hé*, son, sa, ses; *hor, hon, hol*, notre, nos; *hô, hoc'h*, votre, vos; *hô*, leur, leurs. — *Ma hini* ou *va hini*, le mien, la mienne; *ta hini, da hini*, le tien, la tienne; *hé hini*, le sien, la sienne; *hon hini*, le nôtre, la nôtre; *hoc'h hini*, le vôtre, la vôtre; *hô hini*, le leur, la leur; *ma ré, va ré*, les miens, les miennes, *ta ré, da ré*, les tiens, les tiennes; *hé ré*, les siens, les siennes; *hor ré, hon ré*, les nôtres; *hó ré*, les vôtres; *hó ré*, les leurs.

Pronoms démonstratifs.

Ils servent à indiquer particulièrement une personne ou une chose.

Ce, cet, cette, ces s'expriment par l'article *ar, ann, al*, que l'on met devant le substantif, et *mañ, zé, hoñt*, qui se mettent immédiatement après le substantif.— Les pronoms démonstratifs sont : *ann hini*, celui, celle ; *ar ré*, ceux, celles. *Hé-mañ*, celui-ci; *hou-mañ*, celle-ci ; *ar re-mañ*, ceux-ci, celles-ci ; *Hen-nez*, celui-là, *près de nous ou entre nos mains; houn-nez*, celle-là; *ar ré-zé*, ceux-là, celles-là. *Hen-hoñt*, celui-là, *loin de nous ou hors de vue; houn-hoñt*, celle-là; *ar ré-hoñt*, ceux-là, celles-là. —*Ann drâ-mañ, kemeñt-mañ*, ceci. *Ann drâ-zé, kemeñt-sé*, cela.

Pronoms interrogatifs.

Ils servent à interroger et ne prennent point le genre. Ces pronoms sont : *péhini*, lequel, laquelle; *péré*, lesquels, lesquelles. *Piou*, qui. *Pétrâ*, quoi, que. *Pé, pébez*, quel, quelle, quels, quelles.

Pronoms relatifs.

On les appelle ainsi, parce qu'ils se rapportent à une personne ou à une chose dont on a déjà parlé. Ces pronoms sont : *péhini*, lequel, laquelle ; *péré*, lesquels, lesquelles. *Anézhañ, anézhi, anézhó*, signifiant *en*, dans le sens de *de lui, d'elle, d'eux, d'elles. Eúz ann drâ-ze, eúz a gemeñt-sé*, signifiant *en*, dans le sens de *de cela*, comme dans cette phrase : *je m'*EN *moque*, pour *je me moque de cela*.

Pronoms indéterminés.

On les appelle ainsi, parce qu'ils expriment les objets d'une manière générale et indéterminée. Ce sont : *holl*, *ann holl*, tout, toute, tous, toutes ; *pép*, chaque ; *péphini, péb-unan*, chacun ou chacune ; *eunn all*, un autre, une autre ; *ré all*, d'autres ; *ann hini all, égilé*, l'autre, pour le masculin, *ébén*, pour le féminin ; *ar ré all*, les autres ; *ann eil*, l'un, l'une ; *ann eil ré*, les uns, les unes ; *ann eil hag égilé*, l'un et l'autre ; *ann eil hag ébén*, l'une et l'autre ; *ann eil ré hag ar ré all ou ar ré-mañ hag ar ré-hoñt*, les uns et les autres, les unes et les autres;

autres ; *é-béd*, nul, aucun ; *unan-bennág*, quelqu'un, quelqu'une ; *hiniennou*, *eur ré*, *eur ré-bennág*, quelques-uns, quelques-unes ; *nép*, *piou-bennág*, *kéménd-hini*, quiconque ; *nikun*, *nép-hini*, *hini é-béd*, *hini*, aucun, aucune ; *nép dén*, *dén é-béd*, *dén*, personne ; *liez*, *lies-hini*, *meûr*, plusieurs.

DES VERBES.

Le verbe sert à exprimer l'action ou l'état d'une personne ou d'une chose au *présent*, au *passé*, au *futur*, soit positivement, soit conditionnellement, soit indéterminément, ou autrement, à l'*impératif*, à l'*indicatif*, au *subjonctif* et à l'*infinitif*. Il y a trois espèces de verbes : *actif*, *passif* et *neutre*. Les verbes se conjuguent de deux manières : 1° au *personnel*, c'est-à-dire que tous les temps et toutes les personnes varient de terminaisons ; 2° à *l'impersonnel*, c'est-à-dire que la troisième personne du singulier de chaque temps est seule employée avec les pronoms personnels.— Le verbe se conjugue au personnel quand la phrase commence par un adverbe, une préposition, un participe passé, un adjectif, ou lorsque le régime précède le verbe. Ex. : *hirió é teuinn*, je viendrai aujourd'hui ; *klañv é oenn*, je fus malade ; *lazet é oé*, il fut tué ; *Doué a garann*, j'aime Dieu ; *Doué a garimp*, nous aimerons Dieu ; *Doué a garenn*, j'aimais Dieu. — Le verbe se conjugue à l'impersonnel, lorsque le sujet , quel qu'il soit, nom ou pronom, commence la phrase. Ex. : *mé a zeu amañ*, je viens ici ; *hi a zeu amañ*, ils viennent ici ; *mé a gár ann nésa*, j'aime le prochain; *ni a gár ann nésa*, nous aimons le prochain. *Pér a ganó*, Pierre chantera; *Pér ha Paol a ganó*, Pierre et Paul chanteront.

Tous les verbes, comme on l'a vu dans les exemples donnés, sont précédés de la particule *a* ou *é*. La première se met devant un verbe, quand ce verbe est précédé d'un nom ou pronom, qu'il soit sujet ou régime. Ex. : *Doué a garann*, j'aime Dieu; *bara a zebr*, il mange du pain ; *mé a skó*, je frappe. La particule *é* se met devant un verbe, quand celui-ci est précédé d'un adverbe, d'une préposition, d'un adjectif ou d'un participe passé. Cette particule se change en *éz* et en *éc'h*, devant les voyelles. Ex. : *aliez é kanann*, je chante souvent ; *klañv é vézinn*, je serai malade ; *lazet é vézó*, il sera tué : *hirió éz inn*, j'irai aujourd'hui ; *hirió éc'h arruó*, il arrivera aujourd'hui. — On remarquera que le présent de l'indicatif du verbe *béza*, être, ne prend pas la particule *é*. Ex. : *fur ounn*, je suis sage ; *klañv iñt*, ils sont malades. La particule *é* revient aux autres temps de l'indicatif. Ex : *koañt é vézô*, il sera beau ; *brâz é oa*, il était grand. L'usage actuel veut que, dans ce dernier cas, on dise *é oa* et non *éz oa*, contrairement à la règle et à l'usage ancien.

Des verbes auxiliaires.

On donne ce nom aux verbes *béza*, être ; *kaout*, avoir ; *ober*, faire, lorsqu'ils servent à conjuguer les autres. Ces trois verbes étant très-irréguliers, on ne peut se dispenser de donner leur conjugaison.

Conjugaison du verbe BÉZA, être, au personnel.

MODE IMPÉRATIF.

Béz, *sois.*
Bézet, *qu'il, qu'elle soit.*
Bézomp, *soyons.*
Bézit, *soyez.*
Bézeñt, *qu'ils, qu'elles soient.*

MODE INDICATIF.

Présent.

Ounn, *je suis.*
Oud, *tu es.*
Eo, *il, elle est.*
Omp, *nous sommes.*
Oc'h, *vous êtes.*
Iñt, *ils, elles sont.*

Imparfait.

Oann, *j'étais.*
Oaz, *tu étais.*
Oa, *il, elle était.*
Oamp, *nous étions.*
Oac'h, *vous étiez.*
Oañt, *ils, elles étaient.*

Passé défini.

Oenn, *je fus.*
Oéz, *tu fus.*
Oé, *il, elle fut.*

Oemp, *nous fûmes.*
Oec'h, *vous fûtes.*
Oeñt, *ils, elles furent.*

Passé indéfini.

Ounn bét ou bét ounn, *j'ai été.*
Oud bét ou bét oud, *tu as été.*
Eo bét, *il, elle a été.*
Omp bét, *nous avons été.*
Oc'h bét, *vous avez été.*
Iñt bét, *ils, elles ont été.*

Passé antérieur.

Oenn bét, *j'eus été.*
Oéz bét, *tu eus été.*
Oé bét, *il, elle eut été.*
Oemp bét, *nous eûmes été.*
Oec'h bét, *vous eûtes été.*
Oeñt bét, *ils, elles eurent été.*

Plusqueparfait.

Oann bét ou bét é oann, *j'avais été.*
Oaz bét, *tu avais été.*
Oa bét, *il, elle avait été.*
Oamp bét, *nous avions été.*
Oac'h bét, *vous aviez été.*
Oañt bét, *ils, elles avaient été.*

Futur simple.

Bézinn, *je serai.*
Bézi, *tu seras.*
Bézô, *il, elle sera.*
Bézimp, *nous serons.*
Bézot ou biot, *vous serez.*
Béziñt, *ils, elles seront.*

Futur antérieur.

Bézinn bét ou bét é-vézinn, *j'aurai été.*
Bézi bét, *tu auras été.*
Bézô bét, *il, elle aura été.*
Bézimp bét, *nous aurons été.*
Bézot bét ou biot bét, *vous aurez été.*
Béziñt bét, *ils, elles auront été.*

Conditionnel présent.

Benn, *je serais.*
Béz, *tu serais.*
Bé, *il, elle serait.*
Bemp, *nous serions.*
Bec'h, *vous seriez.*
Béñt, *ils, elles seraient.*

Conditionnel passé.

Bijenn bét ou bét é vijenn, *j'aurais été ou j'eusse été.*
Bijéz bét, *tu aurais été.*
Bijé bét, *il, elle aurait été.*
Bijemp bét, *nous aurions été.*
Bijec'h bét, *vous auriez été.*
Bijeñt bét, *ils, elles auraient été.*

MODE SUBJONCTIF.

Présent ou Futur.

Ra vézinn, *que je sois.*
Ra vézi, *que tu sois.*
Ra vézô, *qu'il, qu'elle soit.*
Ra vézimp, *que nous soyons.*
Ra vézot ou ra viot, *que vous soyez.*

Ra véziñt, *qu'ils, qu'elles soient.*

Imparfait.

Ra venn ou ra vijenn, *que je fusse.*
Ra véz, *que tu fusses.*
Ra vé, *qu'il, qu'elle fût.*
Ra vemp, *que nous fussions.*
Ra vec'h, *que vous fussiez.*
Ra veñt, *qu'ils, qu'elles fussent.*

Passé.

Ra vézinn bét, *que j'ai été.*
Ra vézi bét, *que tu aies été.*
Ra vézô bét, *qu'il, qu'elle ait été.*
Ra vézimp bét, *que nous ayons été.*
Ra vézot ou ra viot bét, *que vous ayez été.*
Ra véziñt bét, *qu'ils, qu'elles aient été.*

Plusqueparfait.

Ra vijenn bét, *que j'eusse été.*
Ra vijez bét, *que tu eusses été.*
Ra vijé bét, *qu'il, qu'elle eût été.*
Ra vijemp bét, *que nous eussions été.*
Ra vijec'h bét, *que vous eussiez été.*
Ra vijeñt bét, *qu'ils, qu'elles eussent été.*

MODE INFINITIF.

Présent.

Béza, *être.*

Passé.

Béza bét, *avoir été.*

Participe présent.

O véza, *étant.*

Participe passé.

Bét, o véza bét, *été, -ayant été.*

Conjugaison du verbe BÉZA, *être, à l'impersonnel.*

MODE IMPÉRATIF.

(Comme au personnel.)

MODE INDICATIF.

Présent.

Mé a zô, *je suis.*
Té a zô, *tu es.*
Héñ, hi a zô, *il, elle est.*
Ni a zô, *nous sommes.*
C'houi a zô, *vous êtes.*
Hi a zô, *ils, elles sont.*

Imparfait.

Mé a oa *ou* ioa, *j'étais.*
Té a oa, *tu étais.*
Héñ, hi a oa, *il, elle était.*
Ni a oa, *nous étions.*
C'houi a oa, *vous étiez.*
Hi a oa, *ils, elles étaient.*

Passé défini.

Mé a oé, *je fus.*
Té a oé, *tu fus.*
Héñ, hi a oé, *il, elle fut.*
Ni a oé, *nous fûmes.*
C'houi a oé, *vous fûtes.*
Hi a oé, *ils, elles furent.*

Passé indéfini.

Mé a zô bét, *j'ai été.*
Té a zô bét, *tu as été.*
Héñ, hi a zô bét, *il, elle a été.*
Ni a zô bét, *nous avons été.*
C'houi a zô bét, *vous avez été.*
Hi a zô bét, *ils, elles ont été.*

Passé antérieur.

Mé a oé bét, *j'eus été.*
Té a oé bét, *tu eus été.*
Héñ, hi a oé bét, *il, elle eut été.*
Ni a oé bét, *nous eûmes été.*
C'houi a oé bét, *vous eûtes été.*
Hi a oé bét, *ils, elles eurent été.*

Plusqueparfait.

Mé a oa bét, *j'avais été.*
Té a oa bét, *tu avais été.*
Héñ, hi a oa bét, *il, elle avait été.*
Ni a oa bét, *nous avions été.*
C'houi a oa bét, *vous aviez été.*
Hi a oa bét, *ils, elles avaient été.*

Futur simple.

Mé a vézô, *je serai.*
Té a vézô, *tu seras.*
Héñ, hi a vézô, *il, elle sera.*
Ni a vézô, *nous serons.*
C'houi a vézô, *vous serez.*
Hi a vézô, *ils, elles seront.*

Futur antérieur.

Mé a vézô bét, *j'aurai été.*
Té a vézô bét, *tu auras été.*
Héñ, hi a vézô bét, *il, elle aura été.*
Ni a vézô bét, *nous aurons été.*
C'houi a vézô bét, *vous aurez été.*
Hi a vézô bét, *ils, elles auront été.*

Conditionnel présent.

Mé a vé *ou* a vijé, *je serais.*
Té a vé, *tu serais.*
Héñ, hi a vé, *il, elle serait.*
Ni a vé, *nous serions.*
C'houi a vé, *vous seriez.*
Hi a vé, *ils, elles seraient.*

Conditionnel passé.

Mé a vijé bét, *j'aurais été.*
Té a vijé bét, *tu aurais été.*
Héñ, hi a vijé bét, *il, elle aurait été.*
Ni a vijé bét, *nous aurions été.*

C'houi a vijé bét , *vous au-*
riez été. | MODE SUBJONCTIF.
(Comme au personnel.)
Hi a vijé bét, *ils, elles au-*
raient été. | MODE INFINITIF.
(Comme au personnel.)

Troisième *manière de conjuguer le verbe* BÉZA.

Indicatif présent, seul. | Béza éz eo.
| Béza éz omp.
Béza éz ounn ou béz'éz ounn. | Béza éz oc'h.
Béza éz oud. | Béza éz iñt.

Quatrième *manière de conjuguer le verbe* BÉZA.

Indicatif présent; seul. | Béz.
| Bézomp.
Bézann. | Bézit.
Bézez. | Bézoñt.

Cinquième *manière de conjuguer le verbe* BÉZA.

Indicatif présent et Impar-
fait seulement. | *Imparfait.*

| | Ez édounn , ou édounn , ou
| | émédounn.
E ma ounn ou é m'ounn. | Ez édoz, édoz, émédoz.
E ma oud ou é m'oud. | Ez édo, édo, émédo.
E ma ou ma. | Ez édomp , édomp , émé-
| | domp.
E ma omp ou é m'omp. |
E ma oc'h ou é m'oc'h. | Ez édoc'h, édoc'h, émédoc'h.
E ma iñt ou é m'iñt. | Ez édoñt , édoñt , émédoñt.

Conjugaison *du vérbe* KAOUT, avoir, *au personnel.*

MODE IMPÉRATIF. | Hô deuz , *ils , elles ont.*

Az *ou* éz péz, *aie.* | *Imparfait.*
En, é défet, *qu'il, qu'elle ait.* |
Hor *ou* hon bézet, *ayons.* | Am *ou* em bôa , *j'avais.*
Hô pézét ou hô pét , *ayez.* | Az *ou* ez pôa , *tu avais.*
Hô défeñt, *qu'ils , qu'elles* | En dôa , é dôa , *il, elle avait.*
aient. | Hor bôa , *nous avions.*
| Hô pôa , *vous aviez.*
MODE INDICATIF. | Hô dôa, *ils , elles avaient.*
Présent. |
Am *ou* em euz , *j'ai.* | *Passé défini.*
Ac'h *ou* ec'h euz, *tu as.* |
En , é deuz , *il, elle a.* | Am *ou* em bôé , *j'eus.*
Hon euz , *nous avons.* | Az *ou* ez pôé , *tu eus.*
Hoc'h euz , *vous avez.* | En dôé , é dôa , *il, elle*
| Hor bôé , *nous eûmes.*
| 2 *

Hô pôé, *vous eûtes.*
Hô dôé, *ils, elles eurent.*

Passé indéfini.

Am euz bét *ou* bét am euz,
      j'ai eu.
Ac'h *ou* ec'h euz bét, *tu as eu.*
En deuz, é deuz bét, *il, elle*
      a eu.
Hon euz bét, *nous avons eu.*
Hoc'h euz bét, *vous avez eu.*
Hô deuz bét, *ils, elles ont eu.*

Passé antérieur.

Am bôé bét, *j'eus eu.*
Az *ou* ez pôé bét, *tu eus eu.*
En doé, é dôé bét, *il, elle eut*
      eu.
Hor bôé bét, *nous eûmes eu.*
Hô pôé bét, *vous eûtes eu.*
Hô doé bét, *ils, elles eurent*
      eu.

Plusqueparfait.

Am bôa bét *ou* bét am bôa,
      j'avais eu.
Az *ou* ez pôa bét, *tu avais eu.*
En dôa, é dôa bét, *il, elle*
      avait eu.
Hor bôa bét, *nous avions eu.*
Hô pôa bét, *vous aviez eu.*
Hô dôa bét, *ils, elles avaient*
      eu.

Futur simple.

Am bézô, *j'aurai.*
Az *ou* ez pézô, *tu auras.*
En, é dévézô, *il, elle aura.*
Hor bézô, *nous aurons.*
Hô pézô, *vous aurez.*
Hô dévézô, *ils, elles auront.*

Futur antérieur.

Am bézô bét *ou* bét am bézô,
      j'aurai eu.
Az *ou* ez pézô bét, *tu auras eu.*
En, é dévézô bét, *il, elle*
      aura eu.

Hor bézô bét, *nous aurons eu.*
Hô pézô bét, *vous aurez eu.*
Hô dévézô bét, *ils, elles au-*
      ront eu.

Conditionnel présent.

Am bé *ou* am bijé, *j'aurais.*
Az *ou* ez pijé, *tu aurais.*
En, é dévijé, *il, elle aurait.*
Hor bijé, *nous aurions.*
Hô pijé, *vous auriez.*
Hô divijé, *ils, elles auraient.*

Conditionnel passé.

Am *ou* em bé bét *ou* em bijé
      bét, *j'aurais eu.*
Az *ou* ez pijé bét, *tu aurais eu.*
En, é divijé bét, *il, elle*
      aurait eu.
Hor bijé bét, *nous aurions*
      eu.
Hô pijé bét, *vous auriez eu.*
Hô divijé bét, *ils, elles au-*
      raient eu.

MODE SUBJONCTIF.

Présent ou futur.

R'am bézô, *que j'aie.*
R'az pézô, *que tu aies.*
R'en, r'é dévézô, *qu'il,*
      qu'elle ait.
R'hor bézô, *que nous ayons.*
R'hô pézô, *que vous ayez.*
R'hô dévézô, *qu'ils, qu'elles*
      aient.

Imparfait.

R'am bé *ou* r'am béfé, *que*
      j'eusse.
R'az péfé, *que tu eusses.*
R'en, r'é défé, *qu'il, qu'elle*
      eût.
R'hor béfé, *que nous eus-*
      sions.
R'hô péfé, *que vous eussiez.*

R'hô défé, *qu'ils, qu'elles cussent.*

Passé.

R'am bézô bét, *que j'aie eu.*
R'az pézô bét, *que tu aies eu.*
R'en, r'é dévézô bét, *qu'il, qu'elle ait eu.*
R'hor bézô bét, *que nous ayons eu.*
R'hô pézô bét, *que vous ayez eu.*
R'hô dévézô bét, *qu'ils, qu'elles aient eu.*

Plusqueparfait.

R'am bijé bét, *que j'eusse eu.*
R'az pijé bét, *que tu eusses eu.*
R'en, r'é divijé bét, *qu'il, qu'elle eût eu.*

R'hor bijé bét, *que nous eussions eu.*
R'hô pijé bét, *que vous eussiez eu.*
R'hô divijé bét, *qu'ils, qu'elles eussent eu.*

MODE INFINITIF.

Présent.

Kaout, en dévézout ou en dévout, *avoir.*

Passé.

Béza bét, *avoir eu.*

Participe présent.

O kaout ou o véza, *ayant.*

Passé.

Bét, o véza bét, *eu, ayant eu.*

Conjugaison du verbe KAOUT, *avoir, à l'impersonnel.*

Cette conjugaison ne diffère de la précédente qu'en ce que le pronom personnel, qui n'est exprimé qu'une fois dans l'autre, avant le verbe, l'est deux fois immédiatement dans celle-ci.

MODE IMPÉRATIF.

(*Comme au personnel.*)

MODE INDICATIF.
Présent.

Mé am ou mé em euz, *j'ai.*
Té ac'h ou té ec'h euz, *tu as.*
Hén en deuz, hi é deuz, *il, elle a.*
Ni hon euz, *nous avons.*
C'houi hoc'h euz, *vous avez.*
Hi hô deuz, *ils ont.*

Troisième manière de conjuguer le verbe KAOUT.

Béza em euz ou béz'em euz, *j'ai.*
Béza em bôa ou béz'em bôa, *j'avais.*
Béza em bôé, *j'eus.*

Conjugaison du verbe ÔBER, *faire, au personnel.*

MODE IMPÉRATIF.
Gra, *fais.*
Graét, gréat ou gret, *qu'il, qu'elle fasse.*
Gréomp, *faisons.*
Grit, *faites.*
Graent ou gréent, *qu'ils, qu'elles fassent.*

MODE INDICATIF.
Présent.
Rann, *je fais.*
Réz, *tu fais.*

Ra , il, elle fait.
Réomp , nous faisons.
Rit , vous faites.
Réoñt , ils, elles font.

Imparfait.

Réann , je faisais.
Réez , tu faisais.
Réa , il, elle faisait.
Réamp , nous faisions.
Réac'h , vous faisiez.
Réañt , ils, elles faisaient.

Passé défini.

Riz , je fis.
Rézoud ou réjoud , tu fis.
Réaz , il , elle fit.
Rézomp ou réjomp , nous fimes.
Rézot ou réjot , vous fites.
Rezoñt ou réjoñt , ils , elles firent.

Passé indéfini.

Am euz gréat ou gréat am euz , j'ai fait.
Ac'h ou ec'h euz gréat , tu as fait.
En , é deuz gréat , il, elle a fait.
Hon euz gréat , nous avons fait.
Hoc'h euz gréat , vous avez fait.
Hô deuz gréat , ils , elles ont fait.

Passé antérieur.

Am bôé gréat , j'eus fait.
Az ou éz pôé gréat , tu eus fait.
En , é dôé gréat, il , elle eut fait.
Hor bôé gréat , nous eûmes fait.
Ho pôé gréat, vous eûtes fait.

Hô dôé gréat, ils, elles ourent fait.

Plusqueparfait.

Am bôa gréat , j'avais fait.
Az ou éz pôa gréat, tu avais fait.
En , é dôa gréat , il , elle avait fait.
Hor bôa gréat , nous avions fait.
Hô pôa gréat , vous aviez fait.
Hô dôa gréat , ils, elles avaient fait.

Futur.

Rinn , je ferai.
Ri , tu feras.
Raiô ou rai , il , elle fera.
Raimp , nous ferons.
Réot , vous ferez.
Raiñt , ils , elles feront.

Futur antérieur.

Am bézô gréat , j'aurai fait.
Az ou éz pézô gréat , tu auras fait.
En , é dévézô gréat , il , elle aura fait.
Hor bézô gréat , nous aurons fait.
Hô pézô gréat , vous aurez fait.
Hô dévézô gréat , ils , elles auront fait.

Conditionnel présent.

Rafenn, raenn ou razenn , je ferais.
Rafez , tu ferais.
Rafé , il, elle ferait.
Rafemp , nous ferions.
Rafec'h , vous feriez.
Rafeñt , ils , elles feraient.

Passé.

Am bijé gréat, *j'aurais fait.*
Az ou éz pijé gréat, *tu aurais fait.*
En , é dijé gréat , *il , elle aurait fait.*
Hor bijé gréat, *nous aurions fait.*
Hô pijé gréat, *vous auriez fait.*
Hô dijé gréat, *ils , elles auraient fait.*

MODE SUBJONCTIF.

Présent ou futur.

Ra rinn, *que je fasse.*
Ra ri, *que tu fasses.*
Ra raiô ou rai, *qu'il , qu'elle fasse.*
Ra raimp, *que nous fassions.*
Ra réot, *que vous fassiez.*
Ra raiñt, *qu'ils, qu'elles fassent.*

Imparfait.

Ra rafenn, *que je fisse.*
Ra rafez, *que tu fisses.*
Ra rafé, *qu'il, qu'elle fît.*
Ra rafemp, *que nous fissions.*
Ra rafec'h, *que vous fissiez.*
Ra rafeñt, *qu'ils, qu'elles fissent.*

Passé.

R'am bézô gréat, *que j'aie fait.*
R'az pézô gréat, *que tu aies fait.*

R'en , r'é dévézô gréat, *qu'il, qu'elle aie fait.*
R'hor bézô gréat, *que nous ayons fait.*
R'hô pézô gréat , *que vous ayez fait.*
R'hô dévézô gréat , *qu'ils , qu'elles aient fait.*

Plusqueparfait.

R'am bijé gréat , *que j'eusse fait.*
R'az pijé gréat, *que tu eusses fait.*
R'én , r'é dijé gréat, *qu'il, qu'elle eût fait.*
R'hor bijé gréat , *que nous cussions fait.*
R'hô pijé gréat , *que vous cussiez fait.*
R'hô dijé gréat, *qu'ils, qu'elles cussent fait.*

MODE INFINITIF

Présent.

Ober , *faire.*

Passé.

Béza gréat , *avoir fait.*

Participe présent.

Oc'h ôber , *faisant.*

Passé.

Gréat , o véza gréat, *fait, ayant fait.*

Conjugaison du verbe ÔBER , *faire, à l'impersonnel.*

MODE INDICATIF.

Présent.

Mé a ra, *je fais.*
Té a ra, *tu fais.*

Héñ, hi a ra, *il , elle fait.*
Ni a ra, *nous faisons.*
C'houi a ra, *vous faites.*
Hi a ra, *ils , elles font.*

Imparfait.

Mé a réa, *je faisais.*
Té a réa, *tu faisais.*
Héñ, hi a réa, *il, elle faisait.*
Ni a réa, *nous faisions.*
C'houi a réa, *vous faisiez.*
Hi a réa, *ils, elles faisaient.*

Passé défini.

Mé a réaz ou a euré, *je fis.*
Té a réaz, *tu fis.*
Héñ, hi a réaz, *il, elle fit.*
Ni a réaz, *nous fîmes.*
C'houi a réaz, *vous fîtes.*
Hi a réaz, *ils, elles firent.*

Passé indéfini.

Mé am euz gréat, *j'ai fait.*
Té ac'h ou ec'h euz gréat, *tu as fait.*
Héñ en, hi é deuz gréat, *il, elle a fait.*
Ni hon euz gréat, *nous avons fait.*
C'houi hoc'h euz gréat, *vous avez fait.*
Hi hô deuz gréat, *ils, elles ont fait.*

Passé antérieur.

Mé am bôé gréat, *j'eus fait.*
Té az ou té ez pôé gréat, *tu eus fait.*
Héñ en, hi é dôé gréat, *il, elle eut fait.*
Ni hor bôé gréat, *nous eûmes fait.*
C'houi hô pôé gréat, *vous eûtes fait.*
Hi hô dôé gréat, *ils, elles eurent fait.*

Plusqueparfait.

Mé am bôa gréat, *j'avais fait.*

Té az ou ez pôa gréat, *tu avais fait.*
Héñ en, hi é dôa gréat, *il, elle avait fait.*
Ni hor bôa gréat, *nous avions fait.*
C'houi hô pôa gréat, *vous aviez fait.*
Hi hô dôa gréat, *ils, elles avaient fait.*

Futur.

Mé a raiô ou a rai, *je ferai.*
Té a rai, *tu feras.*
Héñ, hi a rai, *il, elle fera.*
Ni a rai, *nous ferons.*
C'houi a rai, *vous ferez.*
Hi a rai, *ils, elles feront.*

Futur antérieur.

Mé am bézô gréat, *j'aurai fait.*
Té az ou té ez pézô gréat, *tu auras fait.*
Héñ en, hi é dévézô gréat, *il, elle aura fait.*
Ni hor bézô gréat, *nous aurons fait.*
C'houi hô pézô gréat, *vous aurez fait.*
Hi hô dévézô gréat, *ils, elles auront fait.*

Conditionnel présent.

Mé a rafé ou raé, rajé, razé, *je ferais.*
Té a rafé, *tu ferais.*
Héñ, hi a rafé, *il, elle ferait.*
Ni a rafé, *nous ferions.*
C'houi a rafé, *vous feriez.*
Hi a rafé, *ils, elles feraient.*

Passé.

Mé am béfé gréat, *j'aurais fait.*

Té az ou ez péfé gréat, *tu aurais fait.*

Hén en, hi é défé gréat, *il, elle aurait fait.*

Ni hor béfé gréat, *nous aurions fait.*

C'houi hô péfé gréat, *vous auriez fait.*

Hi hô défé gréat, *ils, elles auraient fait.*

MODE SUBJONCTIF.

(Comme au personnel.)

MODE INFINITIF.

(Comme au personnel.)

Troisième manière de conjuguer le verbe ÔBER.

Béza a rann, *je fais.*

Quatrième manière.

Ober a rann, etc., etc.

Conjugaison d'un VERBE ACTIF *au personnel.*

MODE IMPÉRATIF.

Kân, *chante.*
Kanet, *qu'il, qu'elle chante.*
Kanomp, *chantons.*
Kanit, *chantez.*
Kaneñt, *qu'ils, qu'elles chantent.*

MODE INDICATIF.

Présent.

Kanann, *je chante.*
Kanez, *tu chantes.*
Kân, *il, elle chante.*
Kanomp, *nous chantons.*
Kanit, *vous chantez.*
Kanoñt, *ils, elles chantent.*

Imparfait.

Kanenn, *je chantais.*
Kanez, *tu chantais.*
Kané, *il, elle chantait.*
Kanemp, *nous chantions.*
Kanec'h ou kanac'h, *vous chantiez.*
Kaneñt, *ils, elles chantaient.*

Passé défini.

Kaniz, *je chantai.*

Kanzout ou kanjout, *tu chantas.*
Kanaz, *il, elle chanta.*
Kanzomp ou kanjomp, *nous chantâmes.*
Kanzot, *vous chantâtes.*
Kanzoñt, *ils, elles chantèrent.*

Passé indéfini.

Am euz kanet, *j'ai chanté.*
Ac'h ou ec'h euz kanet, *tu as chanté.*
En, é deuz kanet, *il, elle a chanté.*
Hon euz kanet, *nous avons chanté.*
Hoc'h euz kanet, *vous avez chanté.*
Hô deuz kanet, *ils, elles ont chanté.*

Passé antérieur.

Am bôé kanet, *j'eus chanté.*
Az ou ez pôé kanet, *tu eus chanté.*
Hén, hi dôé kanet, *il, elle eut chanté.*
Hor bôé kanet, *nous eûmes chanté.*

Hô pôé kanet, *vous eûtes chanté.*

Hô dôé kanet, *ils, elles eurent chanté.*

Plusqueparfait.

Am bôa kanet, *j'avais chanté.*

Az ou ez pôa kanet, *tu avais chanté.*

En, hi dôa kanet, *il, elle avait chanté.*

Hor bôa kanet, *nous avions chanté.*

Hô pôa kanet, *vous aviez chanté.*

Hô dôa kanet, *ils, elles avaient chanté.*

Futur.

Kaninn, *je chanterai.*
Kani, *tu chanteras.*
Kanô, *il, elle chantera.*
Kanimp, *nous chanterons.*
Kanot, *vous chanterez.*
Kaniñt, *ils, elles chanteront.*

Futur antérieur.

Am bézô kanet, *j'aurai chanté.*

Az ou ez pézô kanet, *tu auras chanté.*

En, hi dévézô kanet, *il, elle aura chanté.*

Hor bézô kanet, *nous aurons chanté.*

Hô pézô kanet, *vous aurez chanté.*

Hô dévézô kanet, *ils, elles auront chanté.*

Conditionnel présent.

Kanfenn, *je chanterais.*
Kanfez, *tu chanterais.*
Kanfé, *il, elle chanterait.*

Kanfemp, *nous chanterions.*
Kanfec'h, *vous chanteriez.*
Kanfeñt, *ils, elles chanteraient.*

Conditionnel passé.

Am béfé kanet, *j'aurais chanté.*

Az ou ez péfé kanet, *tu aurais chanté.*

En, é défé kanet, *il, elle aurait chanté.*

Hor béfé kanet, *nous aurions chanté.*

Hô péfé kanet, *vous auriez chanté.*

Hô défé kanet, *ils, elles auraient chanté.*

MODE SUBJONCTIF.

Présent ou Futur.

Ra ganinn, *que je chante.*
Ra gani, *que tu chantes.*
Ra ganô, *qu'il, qu'elle chante.*
Ra ganimp, *que nous chantions.*
Ra ganot, *que vous chantiez.*
Ra ganiñt, *qu'ils, qu'elles chantent,*

Imparfait.

Ra ganfenn, *que je chantasse.*
Ra ganfez, *que tu chantasses.*
Ra ganfé, *qu'il, qu'elle chantât.*
Ra ganfemp, *que nous chantassions.*
Ra ganfec'h, *que vous chantassiez.*
Ra ganfeñt, *qu'ils, qu'elles chantassent.*

Passé.

R'am bézô kanet, *que j'aie chanté.*

R'az

R'az pézô kanet, *que tu aies chanté.*

R'en, r'é dévézô kanet, *qu'il, qu'elle ait chanté.*

R'hor bézô kanet, *que nous ayons chanté.*

R'hô pézô kanet, *que vous ayez chanté.*

R'hô dévézô kanet, *qu'ils, qu'elles aient chanté.*

Plusqueparfait.

R'am béfé kanet, *que j'eusse chanté.*

R'az péfé kanet, *que tu eusses chanté.*

R'en, r'é défé kanet, *qu'il, qu'elle eût chanté.*

R'hor béfé kanet, *que nous eussions chanté.*

R'hô péfé kanet, *que vous eussiez chanté.*

R'hô défé kanet, *qu'ils, qu'elles eussent chanté.*

MODE INFINITIF.

Kana, *chanter.*

Passé.

Béza kanet, *avoir chanté.*

Participe présent.

O kana, *chantant.*

Passé.

O véza kanet, *ayant chanté.*

VERBE ACTIF, *à l'impersonnel.*

MODE IMPÉRATIF.

(*Comme au personnel.*)

MODE INDICATIF.

Présent.

Mé a gân, *je chante.*

Té a gân, *tu chantes.*

Héñ, hi a gân, *il, elle chante.*

Ni a gân, *nous chantons.*

C'houi a gân, *vous chantez.*

gân, *ils, elles chantent.*

Imparfait.

Mé a gané, *je chantais.*

Té a gané, *tu chantais.*

Héñ, hi a gané, *il, elle chantait.*

Ni a gané, *nous chantions.*

C'houi a gané, *vous chantiez.*

Hi a gané, *ils, elles chantaient.*

Passé défini.

Mé a ganaz, *je chantai.*

Té a ganaz, *tu chantas.*

Héñ, hi a ganaz, *il, elle chanta.*

Ni a ganaz, *nous chantâmes.*

C'houi a ganaz, *vous chantâtes.*

Hi a ganaz, *ils, elles chantèrent.*

Passé indéfini.

Mé am euz kanet, *j'ai chanté.*

Té ac'h ou ec'h euz kanet, *tu as chanté.*

Héñ en, hi édeuz kanet, *il, elle a chanté.*

Ni hon euz kanet, *nous avons chanté.*

C'houi hoc'h euz kanet, *vous avez chanté.*

Hi hô deuz kanet, *ils, elles ont chanté.*

3

Passé antérieur.

Mé am bôé kanet, *j'eus chanté.*

Té az pôé kanet, *tu eus chanté.*

Héñ en, hi é dôé kanet, *il, elle eut chanté.*

Ni hor bôé kanet, *nous eûmes chanté.*

C'houi hô pôé kanet, *vous eûtes chanté.*

Hi hô dôé kanet, *ils, elles eurent chanté.*

Plusqueparfait.

Mé am bôa kanet, *j'avais chanté.*

Té az ou éz pôa kanet, *tu avais chanté.*

Héñ en, hi é dôa kanet, *il, elle avait chanté.*

Ni hon dôa kanet, *nous avions chanté.*

C'houi hô pôa kanet, *vous aviez chanté.*

Hi hô dôa kanet, *ils, elles avaient chanté.*

Futur.

Mé a ganô, *je chanterai.*

Té a ganô, *tu chanteras.*

Héñ, hi a ganô, *il, elle chantera.*

Ni a ganô, *nous chanterons.*

C'houi a ganô, *vous chanterez.*

Hi a ganô, *ils, elles chanteront.*

Futur antérieur.

Mé am bézô kanet, *j'aurai chanté.*

Té az ou éz pézô kanet, *tu auras chanté.*

Héñ en, hi é dévézô kanet, *il, elle aura chanté.*

Ni hon bézô kanet, *nous aurons chanté.*

C'houi hô pézô kanet, *vous aurez chanté.*

Hi hô dévézô kanet, *ils, elles auront chanté.*

Conditionnel présent.

Mé a ganfé, *je chanterais.*

Té a ganfé, *tu chanterais.*

Héñ, hi a ganfé, *il, elle chanterait.*

Ni a ganfé, *nous chanterions.*

C'houi a ganfé, *vous chanteriez.*

Hi a ganfé, *ils, elles chanteraient.*

Conditionnel passé.

Mé am béfé kanet, *j'aurais chanté.*

Té az ou éz péfé kanet, *tu aurais chanté.*

Héñ en, bi é défé kanet, *il, elle aurait chanté.*

Ni hor béfé kanet, *nous aurions chanté.*

C'houi hô péfé kanet, *vous auriez chanté.*

Hi hô défé kanet, *ils, elles auraient chanté.*

MODE SUBJONCTIF.

(Comme au personnel.)

MODE INFINITIF.

(Comme au personnel.)

Troisième manière de conjuguer un **VERBE ACTIF.**

Béza é kanann ou béz'é kanann, *je chante,* etc.

Quatrième manière.

Kana a rann, *je chante.*

(Pour le mode indicatif seul.)

Conjugaison d'un VERBE PASSIF *au personnel.*

MODE IMPÉRATIF.

Béz karet, *sois aimé ou ai-
méé.*

Bézet karet, *qu'il soit aimé
ou qu'elle soit aimée.*

Bézomp karet, *soyons aimés
ou aimées.*

Bézit karet, *soyez aimés ou
aimées.*

Bézeñt karet, *qu'ils soient
aimés ou qu'elles soient
aimées.*

MODE INDICATIF.

Présent.

Karet ounn, *je suis aimé ou
aimée.*

Karet oud, *tu es aimé ou aimée.*

Karet eo, *il est aimé ou elle
est aimée.*

Karet omp, *nous sommes aimés ou aimées.*

Karet oc'h, *vous êtes aimés
ou aimées.*

Karet iñt, *ils sont aimés ou
elles sont aimées.*

Imparfait.

Karet é oann, *j'étais aimé ou
aimée.*

Karet é oaz, *tu étais aimé ou
aimée.*

Karet é oa, *il était aimé ou
elle était aimée.*

Karet é oamp, *nous étions
aimés ou aimées.*

Karet é oac'h, *vous étiez
aimés ou aimées.*

Karet é oañt, *ils étaient aimés ou elles étaient aimées.*

Passé défini.

Karet é oenn, *je fus aimé ou
aimée.*

Karet é oéz, *tu fus aimé ou
aimée.*

Karet é oé, *il fut aimé ou
elle fut aimée.*

Karet é oemp, *nous fûmes
aimés ou aimées.*

Karet é oc'h, *vous fûtes aimés ou aimées.*

Karet é oeñt, *ils furent aimés
ou elles furent aimées.*

Passé indéfini.

Karet ounn bét, *j'ai été aimé ou aimée.*

Karet oud bét, *tu as été
aimé ou aimée.*

Karet eo bét, *il a été aimé
ou elle a été aimée.*

Karet omp bét, *nous avons
été aimés ou aimées.*

Karet oc'h bét, *vous avez
été aimés ou aimées.*

Karet iñt bét, *ils ont été aimés ou elles ont été aimées.*

Passé antérieur.

Karet é oenn bét, *j'eus été
aimé ou aimée.*

Karet é oéz bét, *tu eus été
aimé ou aimée.*

Karet é oé bét, *il eut été aimé ou elle eut été aimée.*

Karet é oemp bét, *nous cûmes été aimés ou aimées.*

Karet é oec'h bét, *vous cûtes été aimés ou aimées.*

Karet é oeūt bét, *ils eurent été aimés ou elles eurent été aimées.*

Plusqueparfait.

Karet é oann bét, *j'avais été aimé ou aimée.*

Karet é oaz bét, *tu avais été aimé ou aimée.*

Karet é oa bét, *il avait été aimé ou elle avait été aimée.*

Karet é oamp bét, *nous avions été aimés ou aimées.*

Karet é oac'h bét, *vous aviez été aimés ou aimées.*

Karet é oaūt bét, *ils avaient été aimés ou elles avaient été aimées.*

Futur.

Karet é vézinn, *je serai aimé ou aimée.*

Karet é vézi, *tu seras aimé ou aimée.*

Karet é vézô, *il sera aimé ou elle sera aimée.*

Karet é vézimp, *nous serons aimés ou aimées.*

Karet é viot, *vous serez aimés ou aimées.*

Karet é véziūt, *ils seront aimés ou elles seront aimées.*

Futur antérieur.

Karet é vézinn bét, *j'aurai été aimé ou aimée.*

Karét é vézi bét, *tu auras été aimé ou aimée.*

Karet é vézô bét, *il aura été aimé ou elle aura été aimée.*

Karet é vézimp bét, *nous aurons été aimés ou aimées.*

Karet é viot bét, *vous aurez été aimés ou aimées.*

Karet é véziūt bét, *ils auront été aimés ou elles auront été aimées.*

Conditionnel présent.

Karet é vijenn bét, *j'aurais été aimé ou aimée.*

Karet é vijez bét, *tu aurais été aimé ou aimée.*

Karet é vijé bét, *il aurait été aimé ou elle aurait été aimée.*

Karet é vijemp bét, *nous aurions été aimés ou aimées.*

Karet é vijec'h bét, *vous auriez été aimés ou aimées.*

Karet é vijeūt bét, *ils auraient été aimés ou elles auraient été aimées.*

MODE SUBJONCTIF.
Présent ou Futur.

Ra vézinn karet, *que je sois aimé ou aimée.*

Ra vézi karet, *que tu sois aimé ou aimée.*

Ra vézô karet, *qu'il soit aimé ou qu'elle soit aimée.*

Ra vézimp karet, *que nous soyons aimés ou aimées.*

Ra viot karet, *que vous soyez aimés ou aimées.*

Ra véziūt karet, *qu'ils soient aimés ou qu'elles soient aimées.*

Imparfait.

Ra venn karet, *que je fusse aimé ou aimée.*

Ra vez karet, *que tu fusses aimé ou aimée.*

Ra vé karet, *qu'il fût aimé ou qu'elle fût aimée.*

Ra vemp karet, *que nous fussions aimés ou aimées.*

Ra vec'h karet, *que vous fussiez aimés ou aimées.*

Ra veñt karet, *qu'ils fussent aimés ou qu'elles fussent aimées.*

Passé.

Ra vézinn bét karet, *que j'aie été aimé ou aimée.*

Ra vézi bét karet, *que tu aies été aimé ou aimée.*

Ra vézô bét karet, *qu'il ait été aimé ou qu'elle ait été aimée.*

Ra vézimp bét karet, *que nous ayons été aimés ou aimées.*

Ra viot bét karet, *que vous ayez été aimés ou aimées.*

Ra véziñt bét karet, *qu'ils aient été aimés ou qu'elles aient été aimées.*

Plusqueparfait.

Ra venn bét karet, *j'eusse été aimé ou aimée.*

Ra vez bét karet, *que tu eusses été aimé ou aimée.*

Ra vé bét karet, *qu'il eût été aimé ou qu'elle eût été aimée.*

Ra vemp bét karet, *que nous eussions été aimés ou aimées.*

Ra vec'h bét karet, *que vous eussiez été aimés ou aimées.*

Ra veñt bét karet, *qu'ils eussent été aimés ou qu'elles eussent été aimées.*

MODE INFINITIF.

Présent.

Béza karet, *être aimé ou aimée.*

Passé.

Béza bét karet, *avoir été aimé ou aimée.*

Participe présent.

O véza karet, *étant aimé ou aimée.*

Participe passé.

Bét karet ou ô veza bét karet, *ayant été aimé ou aimée.*

Conjugaison d'un VERBE PASSIF *à l'impersonnel.*

MODE IMPÉRATIF.

(*Comme au personnel.*)

MODE INDICATIF.

Présent.

Mé a zô karet, *je suis aimé ou aimée.*

Té a zô karet, *tu es aimé ou aimée.*

Héñ ou hi à zô karet, *il est aimé ou elle est aimée.*

Ni a zô karet, *nous sommes aimés ou aimées.*

C'houi a zô karet, *vous êtes aimés ou aimées.*

Hi a zô karet, *ils sont aimés ou elles sont aimées.*

Imparfait.

Mé a oa karet, *j'étais aimé ou aimée.*

Te a oa karet, *tu étais aimé ou aimée.*

Héñ *ou* hi a oa karet, *il était aimé* ou *elle était aimée.*

Ni a oa karet, *nous étions aimés* ou *aimées.*

C'houi a oa karet, *vous étiez aimés* ou *aimées.*

Hi a oa karet, *ils étaient aimés* ou *elles étaient aimées.*

Passé défini.

Mé a oé karet, *je fus aimé ou aimée.*

Té a oé karet, *tu fus aimé ou aimée.*

Héñ *ou* hi a oé karet, *il fut aimé ou elle fut aimée.*

Ni a oé karet, *nous fûmes aimés ou aimées.*

C'houi a oé karet, *vous fûtes aimés ou aimées.*

Hi a oé karet, *ils furent aimés ou elles furent aimées.*

Passé indéfini.

Mé a zô bét karet, *j'ai été aimé ou aimée.*

Té a zô bét karet, *tu as été aimé ou aimée.*

Héñ *ou* hi a zô bét karet, *il a été aimé ou elle a été aimée.*

Ni a zô bét karet, *nous avons été aimés ou aimées.*

C'houi a zô bét karet, *vous avez été aimés ou aimées.*

Hi a zô bét karet, *ils ont été aimés ou elles ont été aimées.*

Passé antérieur.

Mé a oé bét karet, *j'eus été aimé ou aimée.*

Té a oé bét karet, *tu eus été aimé ou aimée.*

Héñ *ou* hi a oé bét karet, *il eut été aimé ou elle eut été aimée.*

Ni a oé bét karet, *nous eûmes été aimés ou aimées.*

C'houi a oé bét karet, *vous eûtes été aimés ou aimées.*

Hi a oé bét karet, *ils eurent été aimés ou elles eurent été aimées.*

Plusqueparfait.

Mé a oa bét karet, *j'avais été aimé ou aimée.*

Té a oa bét karet, *tu avais été aimé ou aimée.*

Héñ *ou* hi a oa bét karet, *il avait été aimé ou elle avait été aimée.*

Ni a oa bét karet, *nous avions été aimés ou aimées.*

C'houi a oa bét karet, *vous aviez été aimés ou aimées.*

Hi a oa bét karet, *ils avaient été aimés ou elles avaient été aimées.*

Futur.

Mé a vézô karet, *je serai aimé ou aimée.*

Té a vézô karet, *tu seras aimé ou aimée.*

Héñ, hi a vézô karet, *il sera aimé ou elle sera aimée.*

Ni a vézô karet, *nous serons aimés ou aimées.*

C'houi a vézô karet, *vous serez aimés ou aimées.*

Hi a vézô karet, *ils seront aimés ou elles seront aimées.*

Futur antérieur.

Mé a vézô bét karet, *j'aurai été aimé ou aimée.*

Té a vézô bét karet, *tu au-ras été aimé ou aimée.*

Hén ou hi a vézô bét karet, *il aura été aimé ou elle aura été aimée.*

Ni a vézô bét karet, *nous aurons été aimés ou aimées.*

C'houi a vézô bét karet, *vous aurez été aimés ou aimées.*

Hi a vézô bét karet, *ils auront été aimés ou elles auront été aimées.*

Conditionnel présent.

Mé a vijé karet, *je serais aimé ou aimée.*

Té a vijé karet, *tu serais aimé ou aimée.*

Hén *ou* hi a vijé karet, *il serait aimé ou elle serait aimée.*

Ni a vijé karet, *nous serions aimés ou aimées.*

C'houi a vijé karet, *vous seriez aimés ou aimées.*

Hi a vijé karet, *ils seraient aimés ou elles seraient aimées.*

Conditionnel passé.

Mé a vijé bét karet, *j'aurais été aimé ou aimée.*

Té a vijé bét karet, *tu aurais été aimé ou aimée.*

Hén, hi a vijé bét karet, *il aurait été aimé ou elle aurait été aimée.*

Ni a vijé bét karet, *nous aurions été aimés ou aimées.*

C'houi a vijé bét karet, *vous auriez été aimés ou aimées.*

Hi a vijé bét karet, *ils auraient été aimés ou elles auraient été aimées.*

MODE SUBJONCTIF.

(*Comme au personnel.*)

MODE INFINITIF.

(*Comme au personnel.*)

Troisième manière de conjuguer un **VERBE PASSIF.**

Beza ez ounn karet, *je suis aimé ou aimée,* etc.

Quatrième manière de conjuguer un **VERBE PASSIF.**

Présent.

Mé a garer, *je suis aimé,* etc.

Imparfait.

Mé a garet, *j'étais aimé,* etc.

Futur.

Mé a garor, *je serai aimé,* etc.

Conditionnel.

Mé a garfet, *je serais aimé,* etc.

Infinitif.

Karedeur, *être aimé.*

Conjugaison du verbe neutre DALÉA, tarder, *au personnel.*

MODE IMPÉRATIF.

Dalé , *tarde.*

Daléet, *qu'il, qu'elle tarde.*

Daléomp, *tardons.*

Daléit , *tardez.*

Daléeñt, *qu'ils, qu'elles tardent.*

MODE INDICATIF.

Présent.

Daléann , *je tarde.*

Daléez, *tu tardes.*
Dalé, *il, elle tarde.*
Daléomp, *nous tardons.*
Daléit, *vous tardez.*
Daléeūt, *ils, elles tardent.*

Imparfait.

Daléenn, *je tardais.*
Daléez, *tu tardais.*
Daléé, *il, elle tardait.*
Daléemp, *nous tardions.*
Daléec'h, *vous tardiez,*
Daléeñt, *ils, elles tardaient.*

Passé défini.

Daléiz, *je tardai.*
Dalézoud ou daléjoud, *tu tardas.*
Daléaz, *il, elle tarda.*
Dalézomp ou daléjomp, *nous tardâmes.*
Dalézot ou daléjot, *vous tardâtes.*
Dalézoñt ou daléjoñt, *ils, elles tardèrent.*

Passé antérieur.

Am bôé daléet, *j'eus tardé.*
Az pôé daléet, *tu eus tardé.*
En, é dôé daléet, *il, elle eut tardé.*
Hor bôé daléet, *nous cûmes tardé.*
Hô pôé daléet, *vous eûtes tardé.*
Hô dôé daléet, *ils, elles eurent tardé.*

Plusqueparfait.

Am bôa daléet, *j'avais tardé.*
Az pôa daléet, *tu avais tardé.*
(*Le reste, comme le plus-queparfait du verbe* KAOUT, *avoir, p. 18.*)

Futur simple.

Daléinn, *je tarderai.*
Daléi, *tu tarderas.*
Daléô, *il, elle tardera.*
Daléimp, *nous tarderons.*
Daléot, *vous tarderez.*
Daléiñt, *ils, elles tarderont.*

Conditionnel présent.

Daléfenn, *je tarderais.*
Daléfez, *tu tarderais.*
Daléfé, *il, elle tarderait.*
Daléfemp, *nous tarderions.*
Daléfec'h ou daléfac'h, *vous tarderiez.*
Daléfeñt, *ils, elles tarderaient.*

Conditionnel passé.

Am bé ou am bijé daléet, *j'aurais tardé.*
(*Le reste, comme le conditionnel passé de* kaoul, *p. 18.*)

MODE SUBJONCTIF.

Présent ou futur.

Ra zaléinn, *que je tarde.*
Ra zaléi, *que tu tardes.*
(*Le reste, comme au futur simple.*)

Conditionnel.

Ra zaléfenn, *que je tardasse.*
Ra zaléfez, *que tu tardasses.*
(*Le reste, comme au conditionnel présent.*)

MODE INFINITIF.

Présent.

Daléa, *tarder.*

Passé.

Béza bét daléet, *avoir tardé.*

Participe présent.

O taléa, *tardant.*

Passé.

O véza bét daléet, *ayant tardé.*

DES VERBES IRRÉGULIERS.

Ils sont en si grand nombre qu'on ne saurait donner leurs conjugaisons dans une grammaire. L'usage les apprendra. Nous nous bornerons à deux des plus usités , *moñt*, aller, et *doñt*, venir, et à donner, ci-après, la liste des autres avec quelques temps principaux.

Conjugaison du verbe MOÑT , aller , *au personnel.*

MODE IMPÉRATIF.

Kéa, *ou kaé, ou ké, va.*
Eat, *ou aet, ou éet, qu'il ou qu'elle aille.*
Déomp , *allons.*
Kit ou it , *allez.*
Eañt, *ou aeñt, ou éeñt, qu'ils ou qu'elles aillent.*

MODE INDICATIF.

Présent.

Ez ann , *je vais.*
Ez éz , *tu vas.*
Ez a , *il , elle va.*
Ez éomp , *nous allons.*
Ez it , *vous allez.*
Ez coñt, *ils , elles vont.*

Imparfait.

Ez éenn , *j'allais.*
Ez éez, *tu allais.*
Ez éé , *il , elle allait.*
Ez éemp , *nous allions.*
Ez éec'h , *vous alliez.*
Ez éeñt, *ils , elles allaient.*

Passé défini.

Ez iz, *j'allai.*
Ez ézoud *ou éjoud, tu allas.*
Ez éaz, *il , elle alla.*
Ez ézomp *ou éjomp, nous allâmes.*
Ez ézot ou éjot, *vous allâtes.*

Ez ézoñt ou éjoñt, *ils , elles allèrent.*

Passé indéfini.

Bez'éet ou béet ou bét ounn , *je suis allé ou allée.*
Béet ou bét oud , *tu es allé ou allée, etc.*
(*Le reste , comme* BÉZA , *être , au passé indéfini.*)

Plusqueparfait.

Béz'éet ou béet ou bét oann , *j'étais allé ou allée, etc.*

Futur simple.

Ez inn , *j'irai.*
Ez i , *tu iras.*
Ez ai ou aiô , *il , elle ira.*
Ez aimp , *nous irons.*
Ez éot , *vous irez.*
Ez aiñt, *ils , elles iront.*

Futur antérieur.

Béet ou bét é vézinn , *je serai allé ou allée, etc.*

Conditionnel présent.

Ez afenn, ou azenn, ou ajenn, *j'irais.*
Ez afez, ou azez , ou ajez , *tu irais.*
Ez afé, ou azé, ou ajé, *il , elle irait.*

Ez afemp, *ou* azemp, *ou* a-
jemp, *nous irions.*
Ez afec'h *ou* afac'h, *vous*
iriez.
Ez afeñ, *ils, elles iraient.*
Conditionnel passé.
Béet *ou* bét é vézenn, *je se-*
rais allé ou allée, etc.
MODE SUBJONCTIF.
Futur.
Ra'z inn, *que j'aille.*
Ra'z i, *que tu ailles.*
Ra'z ai *ou* aiô, *qu'il ou*
qu'elle aille.
Ra'z aimp, *que nous allions.*
Ra'z éot, *que vous alliez.*

Ra'z aiñt, *qu'ils ou qu'elles*
aillent.
Conditionnel.
Ra'z afen, *que j'allasse.*
Ra'z afez, *que tu allasses.*
(*Le reste se conjugue com-*
me le conditionnel du mode
indicatif, en ajoutant ra.)
MODE INFINITIF.
Présent.
Moñt, *aller.*
Participe présent.
O voñt, *allant.*
Participe passé.
Eat, *ou* aet, *ou* éet, *ou* et,
allé, allée.

Conjugaison du verbe MOÑT, aller, à l'impersonnel.

MODE IMPÉRATIF.
(*Comme au personnel.*)
MODE INDICATIF.
Présent.
Mé a ia, *je vais.*
Té a ia, *tu vas.*
Héñ, hi a ia, *il, elle va.*
Ni a ia, *nous allons.*
C'houi a ia, *vous allez.*
Hi a ia, *ils, elles vont.*
Imparfait.
Mé a iéa *ou* a ié, *j'allais.*
Té a iéa *ou* a ié, *tu allais.*
Héñ, hi a iéa *ou* a ié, *il,*
elle allait.
Ni a iéa *ou* a ié, *nous al-*
lions.
C'houi a iéa *ou* a ié, *vous*
alliez.
Hi a iéa *ou* a ié, *ils, elles*
allaient.

Passé défini.
Mé a iéaz, *j'allai.*
Té a iéaz, *tu allas.*
Héñ, hi a iéaz, *il, elle alla,*
etc.
Futur.
Mé a iélô, *j'irai.*
Té a iélô, *tu iras.*
Héñ, hi a iélô, *il, elle*
ira, etc.
Conditionnel.
Mé a iafé, *ou* a iazé, *ou* a
iajé, *j'irais.*
Té a iafé, *ou* a iazé, *ou* a iajé,
tu irais.
Héñ, hi a iafé, *ou* a iazé, *ou*
a iajé, *il, elle irait, etc.*
(*Le subjonctif et l'infinitif*
se conjuguent comme au per-
sonnel.)

Conjugaison du verbe irrégulier DONT, *venir*, *au personnel.*

MODE IMPÉRATIF.

Deûz, *viens.*
Deûet, *qu'il*, *qu'elle vienne.*
Deûomp, *venons.*
Deûit, *venez.*
Deûeñt, *qu'ils*, *qu'elles viennent.*

Indicatif présent.

Deûann, *je viens.*
Deûez, *tu viens.*
Deû, *il*, *elle vient.*
Deûomp, *nous venons.*
Deûit, *vous venez.*
Deûoñt, *ils*, *elles viennent.*

Imparfait.

Deûenn, *je venais.*
Deûez, *tu venais.*
Deûé, *il*, *elle venait.*
Deûemp, *nous venions.*
Deûec'h, *vous veniez.*
Deûeñt, *ils*, *elles venaient.*

Passé défini.

Deûiz, *je vins.*
Deûzoud *ou* deujoud, *tu vins.*
Deûaz, *il*, *elle vint.*
Deûjomp, *nous vînmes.*
Deûjot, *vous vîntes.*
Deûjoñt, *ils*, *elles vinrent.*

Passé indéfini.

Deût ounn, *je suis venu ou venue.*
Deût out, *tu es venu ou venue*, *etc.*

Passé antérieur.

Deût oenn, *je fus venu ou venue*, *etc.*

Plusqueparfait.

Deût oann, *j'étais venu ou venue*, *etc.*

Futur simple.

Deûinn, *je viendrai.*
Deûi, *tu viendras.*
Deûiô, *il*, *elle viendra.*
Deûimp, *nous viendrons.*
Deûot, *vous viendrez.*
Deûiñt, *ils*, *elles viendront.*

Futur antérieur.

Deût é vézinn, *je serai venu ou venue*, *etc.*

Conditionnel présent.

Deûfenn *ou* deujenn, *je viendrais.*
Deûfez, *tu viendrais.*
Deûfé, *il*, *elle viendrait.*
Deûfemp, *nous viendrions.*
Deûfec'h *ou* deufac'h, *vous viendriez.*
Deûfeñt, *ils*, *elles viendraient.*

Conditionnel passé.

Deût é vézenn, *je serais ou je fusse venu ou venue*, *etc.*

MODE SUBJONCTIF.

Présent ou Futur.

Ra zeûinn, *que je vienne.*
Ra zeûi, *que tu viennes.*
(*Le reste, comme au futur de l'indicatif*, *en ajoutant toujours ra.*)

Conditionnel présent.

Ra zeûfenn, *que je vinsse.*
Ra zeûfez, *que tu vinsses.*
(*Le reste, comme au conditionnel de l'indicatif.*)

MODE INFINITIF.	*Participe présent.*
Présent.	O toñt, *venant.*
	Participe passé.
Doūt , *venir.*	Deûet ou deût, *venu, venue.*

Le même verbe, à l'impersonnel, se conjugue ainsi :

MODE INDICATIF.	*Parfait* ...... A zeûaz.
Présent.	*Futur* .... A zeûiô.
	Conditionnel.. E zeûfé ou é
Mé , té , héñ , hi a zeû, *je ,*	zeûjé.
tu , il , elle vient , etc.	*(Le subjonctif et l'infinitif,*
Imparfait.... A zeûé, *etc.*	*comme au personnel.)*

Observations sur les verbes MOÑT *et* DOÑT. — On conjugue les verbes *moñt* et *doñt*, entre autres manières très-usitées, en ne prenant de ces verbes que l'infinitif, que l'on place devant les différents temps du verbe auxiliaire *óber*, faire, au personnel. Ex. : *Moñt a rann*, je vais (à la lettre, *aller je fais*). Voyez *óber*, faire, *p.* 19

Liste de verbes irréguliers.

Anaout , connaître ; se conjugue régulièrement sur l'ancien infinitif *anavézout ;* ainsi : *anavézann, anavezenn , anavéziz , anavézinn , anavesfenn.* Le plus souvent ce verbe se conjugue avec le verbe *óber : anaout a rann,* etc.

Añsaô, añsav, reconnaître, se conjugue régulièrement sur l'ancien infinitif *añsavout ;* ainsi : *añsavann, añsavinn,* etc.

Binnisien , binnigen, bénir, se conjugue régulièrement sur l'ancien infinitif *binniga.*

Béza, être. Voir sa conjugaison, *p.* 14.

Birvi, bouillir, se conjugue sur l'ancien infinitif *bervi ;* ainsi : *bervann ,* etc.

Kaout , avoir. Voir sa conjugaison , *p.* 17.

Karout et par abus *karet,* aimer. *Karann, karenn ; kiriz , kirinn , karfenn.*

Kavout, trouver, très-irrégulier : *kavann , kavenn , kiviz , kiviz , kivinn , kaffen.*

Keñderc'hel, maintenir, se conjugue régulièrement sur l'ancien infinitif *keñdalc'hi : keñdalc'hann, etc.*

Kinnisien ,

Kinnisien, *kinnig*, offrir, se conjugue régulièrement sur l'ancien infinitif *kinniga*.

Klañvel, tomber malade, se conjugue régulièrement sur l'infinitif *klañvaat*, encore usité.

Kregi, saisir, et ses composés, se conjugue régulièrement sur l'ancien infinitif *krógi*.

Kridi, croire, sur l'ancien infinitif *krédi*, toujours usité.

Darvout, *darvézout*, survenir, se conjugue régulièrement sur ce dernier.

Derc'hel, tenir, et ses composés, se conjugue sur l'ancien infinitif *dalc'hi* : *dalc'hann*, etc.

Dibri, manger, se conjugue sur *debri*.

Digéri, ouvrir, se conjugue sur l'ancien infinitif *digori*.

Dimizi, se marier, sur l'ancien infinitif *dimézi*.

Diski, apprendre, sur *deski* : *deskann*, etc.

Diskregi, démordre, sur *diskrógi*, ancien infinitif.

Disrével, divulguer, sur *disrévella*, anc. inf.

Distei, découvrir, sur *distói*, anc. inf.

Disteürel, rejeter, sur *distóli*, anc. inf. : *distolann*, etc.

Distrei, détourner, sur *distrói*, ancien infinitif : *distrôann*, *distróinn*, etc.

Dizerc'hel, abandonner, sur *dizalc'hi*, anc. infinitif : *dizalc'hann*, *dizalc'hiz*, etc.

Dizólei, découvrir, sur *dizólói*, anc. inf. : *dizólóann*, etc.

Dléout, devoir; très-irrégulier : *dléann*, *dlienn*, *dliiz*, *dliinn*, *dléfenn*.

Eren, lier, sur *eréa*, anc. inf. : *eréann*, etc.

Gallout, pouvoir, très-irrégulier : *hellann*, *hellenn*, *helliz*, *hellinn*, *helfenn*.

Génel, enfanter, sur *gana*, anc. inf. : *ganann*, *ganiz*, *ganinn*, etc.

Gervel, appeler, sur *galva*, anc. inf. *galvann*, etc.

Gólei, couvrir, sur *gólói*, anc. inf. *gólóann*, etc.

Gorren, élever, sur *gorroi*, anc. inf. : *gorroann*, etc.

Gouzout, savoir, très-irrégulier : *ouzonn*, *gwienn*, *wéziz*, *gwézinn*, *goufenn*, ou *gwizenn*, ou *gwijenn*.

Gwiri, couver, sur l'anc. inf. *góri*.

Herzel, empêcher, sur *harza*, anc. inf. : *harzann*, etc.

Henvel, appeler, sur l'anc. inf. *hanva*.

Lakaat, mettre, très-irrégulier : *lakann*, *lékéenn*, *likiiz*, *likiinn*, *lakafenn*.

Lavarout, et par abus *lavaret*, dire, très-irrégulier : *lavarann*, *lavarenn*, *liviriz*, *livirinn*, *lavarfenn*.

Lémel, ôter, sur *lamout*, anc. inf.

Leski, brûler, sur *loski*, anc. inf.

Leúskel, lâcher, sur *laoski*, anc. inf. : *laoskann*, etc.

Mervel, mourir, sur *marvi*, anc. inf. : *marvann*, etc.

Ménel, rester, sur *mana*, anc. inf.

Midi, moissonner, sur *médi*.

Millisien, maudire, sur *milliga*, anc. inf.

Pidi, prier, sur *pédi*.

Rei, donner, sur *rói*, anc. inf.

Skei, frapper, sur *skói*, anc. inf.

Sével, élever, sur *savi*, anc. inf.

Stcki, frapper, sur *stóki*, anc. inf.

Tei, couvrir, sur *tói*, anc. inf.

Teúrel, jeter, sur *tóli*.

Terri, rompre, sur *torri*, anc. inf.

Tével, se taire, sur *tavi*.

Trei, tourner, sur *trói*.

VERBES RÉFLÉCHIS.

On appelle ainsi ceux qui expriment une action qui retombe sur le sujet lui-même. Ex. : *En em wiska*, s'habiller.

Conjugaison du verbe réfléchi EN EM WISKA, s'habiller.

MODE IMPÉRATIF.	MODE INDICATIF.
	Présent.
En em wisk, *habille-toi.*	En em wiskann, *je m'habille.*
En em wisket, *qu'il, qu'elle s'habille.*	En em wiskez, *tu t'habilles.*
	En em wisk, *il, elle s'habille.*
En em wiskomp, *habillons-nous.*	En em wiskomp, *nous nous habillons.*
En em wiskit, *habillez-vous.*	En em wiskit, *vous vous habillez.*
En em wiskeñt, *qu'ils, qu'elles s'habillent.*	En em wiskoñt, *ils, elles s'habillent.*

Il en est de même des autres temps. La conjugaison, comme on le voit, est la même qu'au personnel, avec addition de *en em* à tous les temps et personnes. — Ces sortes de verbes se conjuguent aussi à l'impersonnel :

mé en em wisk, je m'habille. Ils se conjuguent aussi avec l'auxiliaire *óber*. Ex. : *en em wiska a rann*, je m'habille.

VERBES RÉCIPROQUES.

Ils expriment une action qui se passe entre plusieurs agents, comme *en em garout ann eil égilé*, s'entr'aimer.

Conjugaison d'un verbe réciproque.

MODE IMPÉRATIF.

En em garomp ann eil égilé, *entr'aimons-nous.*

En em garit ann eil égilé, *entr'aimez-vous.*

En em gareñt ann eil égilé, *qu'ils, qu'elles s'entr'aiment.*

MODE INDICATIF.

Présent.

En em garomp ann eil égilé, *nous nous entr'aimons.*

En em girit ann eil égilé, *vous-vous entr'aimez.*

En em garoñt ann eil égilé, *ils, elles s'entr'aiment.*

Imparfait.

En em garemp ann eil égilé, *nous nous entr'aimions,* etc.

VERBES IMPERSONNELS.

On appelle ainsi ceux qui ne s'emploient qu'à la troisième personne du singulier, avec les mots *on* ou *il*. On doit se garder de les confondre avec les verbes conjugués à l'impersonnel.

MODE INDICATIF.

Présent.

Réd eo, *il faut.*
Awalc'h eo, *il suffit.*
Glaô a ra, *il pleut.*
Avel a zô, *il vente.*
Eur *ou* er, *on est.*
Ecur *ou* éer, *on va.*
Kareur *ou* karer, *on aime.*

Imparfait.

Réd é oa, *il fallait.*
Awalc'h é oa, *il suffisait.*
Glaô a réa, *il pleuvait.*
Avel a oa, *il ventait.*

Edod, *on était, on fut.*
Eed, *on allait, on alla.*
Kared, *on aimait, on aima.*

Parfait.

Réd é oé, *il fallut.*
Awalc'h é oé, *il suffit.*
Glaô a curé, *il plut.*

Futur.

Réd é vézô, *il faudra.*
Awalc'h é vézô, *il suffira.*
Glaô a rai, *il pleuvra.*
Avel a vézô, *il ventera.*
Vior, *on sera.*
Eor, *on ira.*

Karor, *on aimera.*	Glaô a rafé, *il pleuvrait.*
Conditionnel.	Avel a vijé, *il venterait.*
	Bijéd, viéd, *on serait.*
Réd é vé, *il faudrait.*	Afed, aed, *on irait.*
Awalc'h é vé, *il suffirait.*	Karfed, *on aimerait.*

Comme on le voit, *karer*, *kared*, *karor* et *karfed*, ne sont que des temps du passif régulier, mais peu usité, de *karout*. Il en est de même pour beaucoup d'autres verbes mis par les grammairiens au nombre des impersonnels.

DES ADVERBES.

L'adverbe est un mot qui sert à modifier la signification d'un nom ou plus souvent d'un verbe. Ex. : *kalz*, beaucoup, *warc'hoaz*, demain ; *déac'h*, hier ; *bikenn*, jamais ; *amañ*, ici ; *adré*, derrière ; *kévret*, ensemble. — Parfois, les adjectifs s'emploient comme adverbes. Ex. : *pidi Doué déréad*, prier Dieu convenablement ; *gwéla dourék*, pleurer amèrement ; *karout stard*, aimer ardemment. — L'adverbe n'a jamais de régime.

DES PRÉPOSITIONS.

La préposition sert à exprimer les divers rapports des noms et des autres parties du discours. Elles ont toujours un régime. Ex. : *bété*, jusqu'à ; *dré*, par ; *hép*, sans ; *abaoué*, depuis ; *a-uz*, au-dessus ; *ébarz*, dedans ; *tôst*, près de.

DES CONJONCTIONS.

Elles servent à lier entr'eux les membres d'une phrase. Ex. : *ha*, *hag*, et ; *na*, *nag*, ni ; *pé*, ou ; *rak*, car ; *hogen*, mais ; *évit ma*, afin que, etc.

DES INTERJECTIONS.

Elles servent à exprimer un moment de joie, de douleur, d'encouragement. Ainsi : *ha !* ah ! *allaz !* hélas ! *braô !* bravo ! *holla'ta !* attention ! etc.

SECONDE PARTIE.

SYNTAXE ET EXERCICES.

CONSTRUCTION DES ARTICLES.

Si la personne ou la chose dont on parle est désignée généralement, le substantif prend l'article. Ex. : *ar bara a zó mâd*, le pain est bon. *Ann hanter eûz ann aval*, la moitié de la pomme. *Ann drédérenn eûz a eunn aval*, le tiers d'une pomme. *Róit ann drd-mañ d'eur c'hí, d'ar c'hí*, donnez ceci à un chien, au chien. — Si la personne ou la chose dont on parle est désignée d'une manière distincte, le substantif ne prend pas l'article. Ex. : *roué Bró-C'hall a zó klañv*, le roi de France est malade. *Iliz Landerné a zó bráz*, l'église de Landerneau est grande. *Ti va zád a zó diskaret*, la maison de mon père est démolie. *Person iliz Landévének*, le recteur de l'église de Landévénec. *Bréiz a zó éduz*, la Bretagne est fertile en blé. *Enez Eusa a zó brudet bráz*, l'île d'Ouessant est célèbre. *Mór Kerné a zó peskéduz*, la mer de Cornouaille est poissonneuse. *Tûd ann ti-mañ*, les gens de cette maison.

CONSTRUCTION DES NOMS.

Le nom, lorsqu'il est sujet, se place ordinairement devant le verbe. Ex. : *ar gwín a zó marc'had mâd*, le vin est à bon marché. *Va zád en deuz savet eunn ti*, mon père a fait bâtir une maison. *Grég Pér a zó eur gwall béz*, la femme de Pierre est une méchante femme. — Le nom, lorsqu'il est régime, se place tantôt avant, tantôt après le verbe, selon que celui-ci est au personnel ou à l'impersonnel. Ex. : *eur stéréden a wélann*, ou bien, *mé a wél eur stéréden*, je vois une étoile. *Ar gwín a garoñt*, ou bien, *hi a gár ar gwín*, ils aiment le vin. *Hô máp a glevann*, ou *mé a glev hô máp*, j'entends votre fils. — Lorsque deux substantifs se suivent, on fait, en français, précéder le dernier de la préposition *de*; en breton, on n'emploie aucune préposition. Ex. : *ki Iann a zó klañv*, le chien de Jean est malade. *Eunn ti douar a zavinn*, je bâtirai une maison de terre. *Loaiou stéan*, des cuillers d'étain.

CONSTRUCTION DES ADJECTIFS.

L'adjectif se place généralement après le substantif. Ex. : *eur paotr bihan*, un petit garçon. *Ar vaouez vrâz*, la grande femme.—Il est cependant quelques adjectifs qui, dans certains cas, doivent ou peuvent précéder le substantif, et alors la lettre initiale de ce dernier se change, à deux ou trois exceptions près, de forte en faible. Ces adjectifs sont : *kóz*, dans le sens de méchant ; *gwall*, mauvais ; *hévélép*, semblable ; *gour*, petit ; *berr*, court ; *briz*, demi ; *bihan*, pris adverbialement dans le sens de peu ; *dister*, de peu de valeur ; *gwéz*, sauvage ; *gwir*, vrai ; *hirr*, long ; *heñvel*, semblable ; *névez*, nouveau ; *holl*, tous ; *pell*, loin ; *fals*, faux ; *treûz*, de travers. Ex. : *eur gwall varó*, une mauvaise mort. *Eur bihan drá*, peu de chose ; *eur c'hóz varc'h*, un méchant cheval, une haridelle ; *é berr gomsiou* ou *gomzou*, en peu de paroles.

Les comparatifs et superlatifs précèdent très-souvent les noms. Ex. ; *furoc'h grég eo évid hé mamm*, elle est plus sage que sa mère.

CONSTRUCTION DES NOMS DE NOMBRES.

Après les noms de nombres cardinaux ou de quantité, le substantif auquel ils se rapportent, sauf en quelques cas exceptionnels, se met au singulier ; c'est en effet l'unité répétée plusieurs fois. Ex. : *daou skoed*, deux écus ; *kañt dén*, cent hommes ; *pemzék dén ha tri-ugeñt*, soixante et quinze personnes ; *eunn dén wardró daou-ugeñt vloaz*, un homme âgé d'environ quarante ans. — Les noms de nombres ordinaux ou d'ordre, se placent avant le substantif. Ex. : *ar c'heñta dén*, le premier homme. *Ar geñta maouez*, la première femme. *Ann trédé léor*, le troisième livre. *Ann drédé, ann deirvéd géar*, la troisième ville (*kéar* est féminin). *Ann unnégved eo*, il est le onzième. *Ann unnégved en deuz bét anezhañ*, il en a eu le onzième, la onzième partie. *Ar Pâp Piuz naved enn hano*, le pape Pie IX. *D'ann daouzégved dervez a viz Kerzu*, le 12e jour, le 12 Décembre.

CONSTRUCTION DES PRONOMS PERSONNELS.

Le pronom personnel, quand il est sujet, ne s'exprime

pas, si le verbe est au personnel ; au contraire, il s'exprime toujours, si le verbe est à l'impersonnel. Il résulte de là que la même phrase peut s'exprimer de deux manières différentes : c'est le goût qui décide, à peu d'exceptions près. Ainsi, on pourra dire : *hô c'hoar a garann*, ou, *mé a gár hô c'hoar*, j'aime votre sœur. *Abred é léininn*, ou *mé a leinô abred*, je dînerai de bonne heure. En parlant de la construction des verbes, nous indiquerons deux autres manières d'exprimer les mêmes phrases.

Lorsque le pronom personnel est régime, il se place avant ou après le verbe, à volonté. Ex. : *va c'hi hé diwallô*, ou, *va c'hi a ziwallô anezhi*, mon chien la défendra. *Va c'hoar é deuz hor gwélet*, ou, *va c'hoar é deuz gwélet ac'hanomp*, ma sœur nous a vus. — Lorsque le pronom personnel est régime d'une préposition, il se place toujours après la préposition. Ex. : *ann drâ-mañ a zó d'in*, ceci est à moi. *Ann drâ-mañ a zó évid-oun*, ceci est pour moi. *Mé a zeûiô gañt-hañ*, je viendrai avec lui.

DES PRONOMS POSSESSIFS.

Ils précèdent toujours le substantif auquel ils se rapportent. Ex. : *va moéréb a zó kôz*, ma tante est vieille. *Hé dâd a zó klañv*, son père est malade. *Mé a gár hô c'hoar*, j'aime votre sœur. *Da gi a lazinn*, je tuerai ton chien. — Lorsque les pronoms possessifs *mon*, *ma*, *mes*, *ton*, *ta*, *tes*, sont régimes de la préposition française *à*, on les exprime par *d'am*, *d'az*. Ex. : *lavar d'am zâd* (pour *da ma zâd*) *doñd amañ*, dis à mon père de venir ici. *Ann drâ-zé a zó d'am breûdeûr*, cela est à mes frères. *Lavar d'az c'hoar* (pour *da az c'hoar*) *doñd amañ*, dis à ta sœur de venir ici. — Les autres pronoms possessifs n'éprouvent aucun changement. Ex. : *ann drâ-zé a zó d'hé vreûr* (pour *da hé vreûr*), cela est à son frère. — Les pronoms possessifs *va-hini*, *da-hini*, *hé-hini*, le mien, le tien, le sien, se placent tantôt avant, tantôt après le verbe, selon que celui-ci est au personnel ou à l'impersonnel. Ex. : *va hini a gémérann*, ou, *mé a gémer va hini*, je prends le mien. *Va ré a likiinn*, ou, *mé a lakai va ré*, je mettrai les miens.

DES PRONOMS DÉMONSTRATIFS.

Les pronoms *ce*, *cet*, *celle*, *ces*, avons-nous dit, se rendent par l'article *ar*, *ann*, *al*, que l'on met devant le substantif, et *mañ*, *zé*, *hoñt*, qui se mettent après le substantif. Lorsque l'objet dont on parle est entre nos mains ou nous touche, on emploie *mañ*, ou, *ma*; lorsque l'objet est devant nous ou près de nous, on se sert de *zé*; enfin, lorsque l'objet est éloigné ou hors de vue, on emploie *hoñt*. Ex. : *ann ti-mañ a zó d'in*, cette maison, cette maison-ci est à moi. *Ann dûd-mañ a zó mâd*, ces hommes sont bons. *Ar vôger-zé a zó kôz*, ce mur, ce mur-là est vieux. *Ar c'hériou-hoñt n'iñt két kaer*, ces villes-là ne sont pas belles. *Ce qui, ce que*, signifiant *la chose qui, la chose que*, se rend par *ar péz*; pouvant se tourner par *quelle chose*, s'exprime par *pétrâ*; précédé du mot *tout*, se rend par *kément*. Ex.: *ar péz a zó mâd a garann*, j'aime ce qui est bon. *Né ouzonn két pétrâ a livirit*, je ne sais ce que vous dites. *Kéméñd a zó enn ti-mañ*, tout ce qui est dans cette maison.

Ceci s'exprime par *ann drâ-mañ*; cela, près de nous, par *ann drâ-zé*; cela, loin de nous ou absent, par *ann drâ-hoñt*. Lorsqu'il s'agit d'un objet qui n'est pas palpable, on se sert de *kémeñt-mañ, kémeñt-sé*. Ex. : *digémérit ann drâ-mañ*, acceptez ceci. *Peûr é c'hoarvézô kémeñt-sé?* quand cela arrivera-t-il ?

Il n'y a rien de particulier à dire sur les autres pronoms démonstratifs. Ex. : *ann hini hoc'h euz rôet d'in a zó fall*, celui ou celle que vous m'avez donné *ou* donnée est mauvais *ou* mauvaise. *Ar ré hoc'h euz rôet d'in a zó fall*, ceux *ou* celles que vous m'avez donnés *ou* données, sont mauvais *ou* mauvaises. *Hé-mañ a zó kaer-meûrbéd*, celui-ci est très-beau. *Houn-nez a zó kaer-meûrbéd*, celle-là est très-belle. *Ar ré-hoñt a zó fall*, ceux-là, celles-là sont mauvais, mauvaises.

DES PRONOMS INTERROGATIFS.

Qui, signifiant *lequel, laquelle*, se rend par *péhini*; dans le cas contraire, on l'exprime par *piou*. Ex.: *péhini ac'hanoc'h?* qui de vous? *Piou am skô?* qui me frappe?

Il n'y a pas de règles particulières pour les autres pronoms interrogatifs. *Pétrâ a livirit-hu?* que dites-vous? *Da bétrâ eo mâd ann drâ-zé?* A quoi est bon cela? *Péhano hoc'h eus-hu?* quel nom avez-vous? *Pébez peskéd eo ar ré wella?* quels poissons sont les meilleurs?

DES PRONOMS RELATIFS.

Qui, que, précédés d'un pronom personnel ou d'un

substantif lié à un pronom possessif, s'expriment, pour les deux genres, par *péhini*, et *péré*, pour le pluriel. Ex.: *c'houi péhini a zô pinvidik*, vous qui êtes riche ; *c'houi péré a zô pinvidik*, vous qui êtes riches. *Hô preûdeûr péré a zô éat kuit*, vos frères qui sont partis.

Celui qui, *ceux* ou *celles qui*, *celle qui* s'expriment par *ann hini*, au singulier, *ar ré*, au pluriel. Ex. : *ann hini a gán*, celui, celle qui chante. *Ar ré a lavar*, ceux, celles qui disent. — *Qui, que*, précédés de l'article indéfini ou sans article au pluriel, se traduisent par *ha, hag*, que l'on sous-entend quelquefois. Ex. : *anaout a rann eunn dén hag a gán ataó*, je connais un homme qui chante toujours. *Sétu tûd ha né garann két*, ou bien *sétu tûd né garann két*, voilà des gens que je n'aime pas.

PRONOMS INDÉTERMINÉS.

Chacun, chacune se traduisent par *pép-hini, péb-unan*, pour les deux genres. Ex. : *pép-hini*, ou, *péb-unan a gâr hé bâr*, chacun aime son semblable. — Si ces pronoms sont suivis de *un*, *une*, on les exprime par *péb a hini*, *péb a unan*. Ex. : *péb a hini, péb a unan hor bézó*, nous en aurons chacun une. — Si la chose est désignée, on emploie *péb a* seulement suivi du substantif. Ex. : *péb a aval hô pézô*, vous aurez chacun une pomme.

Quelques se rend par *bennâg*, que l'on construit ainsi : *kémérit eunn aval-bennâg*, prenez quelques pommes. *Eûr wézenn-bennâg a wélann*, je vois quelques arbres. — *Quelque*, suivi de *que* et d'un substantif, s'exprime par *pégémeñt-bennâg* ; s'il est suivi d'un adjectif, par *péger-bennâg*, pour les deux genres et les deux nombres. Ex. : *pégémeñt-bennâg a vadou en deûz*, quelques biens qu'il ait. *Péger-pinvidik-bennâg iñt*, quelque riches qu'ils soient.

Quiconque, lorsqu'il est sujet, se rend par *piou-bennâg, nép, nép piou-bennâg, kémeñd-hini* ; lorsqu'il est régime, par *nép* ou *néb*. Ex. : *piou-bennâg a c'hoañta béva pell, a dlé béza fûr*, quiconque veut vivre longtemps, doit être sage. *Lakaat a rinn é klaoustré gañt néb a garó*, je parierai avec quiconque voudra.

CONSTRUCTION DES VERBES.

Nous avons parlé, dans la première partie, des cas où le verbe se conjugue au personnel et à l'impersonnel.— Lorsque la phrase est négative, le verbe se conjugue au personnel. Ex. : *hô pugalé né zélaouoñt két*, vos enfants n'écoutent pas. *Na va mâb na va merc'h ne d-iñt brâz*, ni mon fils ni ma fille ne sont grands. — Lorsque l'on conjugue le verbe, en le faisant précéder de l'infinitif *béza*, le verbe se conjugue au personnel. Ex. *béza é kanit ré gré*, vous chantez trop fort. — Lorsque l'on conjugue le verbe avec l'auxiliaire *óber*, le verbe se conjugue encore au personnel. Ex. : *Doñt a rezoñt amañ*, ils vinrent ici. — Il y a, avons-nous dit, quatre manières de conjuguer les verbes. Ainsi, pour exprimer le français *je chante toujours*, on peut dire : *mé a gân bépréd, bépréd é kanann, béza é kanann bépréd, kana a rann bépréd*. Les deux dernières manières s'emploient indifféremment, lorsque l'on veut donner une confirmation plus forte à l'état ou à l'action du verbe. Ces deux dernières manières sont applicables aux verbes actifs et neutres, mais seulement pour les temps du mode indicatif.

Avant de terminer ce qui a rapport aux verbes, je ferai remarquer qu'il est généralement dans le génie de la langue de tourner la phrase par le passif. Ainsi, l'on trouve dans les meilleurs auteurs anciens : *hô klézé a vé saotret*, vous saliriez votre épée. *Mar d-eo va c'hlézé saotret, ébarz da wâd a vó gwalc'het*, si je salis mon épée, je la laverai dans ton sang. *Gañd ann Doué mâd é viot gwallet*, le bon Dieu vous punira (1).

Construction des verbes impersonnels.

L'impersonnel *il faut*, se rend par *réd eo, zó ézomm, kaout ézomm, eo dléet*, selon ses diverses acceptions. Ex. : *réd eo d'in óber ann drâ-zé*, il faut que je fasse cela ; m. à m., *nécessité est à moi faire cela. Réd é vézó d'am zâd doñd amañ*, il faudra que mon père vienne ici. *Bara zó ézomm hiriô*, il faut du pain aujourd'hui ; mot-à-mot, *pain est besoin aujourd'hui. Eunn tî am bóa ézomm*, il me fallait une maison ; m.-à-m., *j'avais besoin d'une maison. Grit ann drâ-zé ével ma eo dléet*, faites cela comme il faut ; m.-à-m., *comme il est dû*.

L'impersonnel *il y a*, suivi d'un nom, peut s'exprimer de plusieurs manières. *Eul lézen a zó diwar-bennkémeñt-sé, ou béz'ez euz eul lézen diwar-benn kémeñt-sé*, il y a une

---

(1) BARZAZ-BREIZ, *Chants populaires de la Bretagne*, recueillis et publiés par Th. Hersart de la Villemarqué (4ᵉ édition). T. II, p. 128 et *passim*.

loi là-dessus. *Eul lézenn a oa, bez'é oa eul lézen diwar-benn kément-sé*, il y avait une loi là-dessus. *Béza zó kalz hag a dalvez mui égéd oun*, il y a beaucoup de gens qui valent mieux que moi. *N'euz hini é-béd*, il n'y en a pas un seul. *Né vézó két a frouez er bloaz-mañ*, il n'y aura pas de fruits cette année. — Quand *il y a* exprime la distance ou désigne une espace de temps, on emploie de préférence la première manière. Ex. : *eiz léo a zó euz a Gonk da Eusa*. Il y a huit lieues du Conquet à Ouessant. *Daou vloaz a zó é m'ounn amañ*, il y a deux ans que je suis ici.

Il est, il était, c'est, se rendent par la troisième personne du singulier du verbe *béza*. Ex. : *Mall eo moñd énó*, il est temps d'y aller. *Mall é oa moñd énó*, il était temps d'y aller. *Hó máb é lavar kéméñt-sé*, c'est votre fils qui dit cela.

DES EXCLAMATIONS.

Quel, quelle, suivi d'un substantif, se rend par *pébez*, pour les deux genres et les deux nombres. Ex. : *pébez maouez !* quelle femme ! *Pébez túd*, quels hommes ! — Si *quel* est suivi d'un adjectif lié à un substantif, il ne s'exprime pas. Ex. : *brasa dén ! brasa túd !* quel grand homme ! quels grands hommes ! — *Que de* se traduit par *hag a*. Ex. : *hag a boan am euz bét !* que de peine j'ai eue ! *hag a loened hoc'h euz !* que de bêtes vous avez ! Dans ce dernier cas, c.-à-d., avec un substantif au pluriel, on peut dire aussi : *a béd loen hoc'h euz !* On remarque qu'ici le nom breton est au singulier.

Que, suivi d'un nom ou pronom et d'un verbe neutre, se rend par *péger, pégenn*. Ex. : *péger klañv ounn-mé !* que je suis malade ! *Pégenn aounik eo hó máp !* que votre fils est peureux ! — *Que*, suivi d'un nom ou pronom et d'un verbe actif, se rend par *pégément*, ou, *na, nag*. Ex. : *pégément é karé ar vaouez-zé hé bugalé !* que cette femme aimait ses enfants ! ou bien *nag ar vaouez-zé a garé hé bugalé !* — *Que*, suivi de *ne* se rend par *pérag*, ou, *pé evit trá*. Ex. : *pérag*, ou, *pé evit trá né hellann-mé két mervel !* que ne puis-je mourir !

DES INTERROGATIONS.

Elles s'expriment de diverses manières, selon que le temps du verbe est simple ou composé, selon que le sujet est un nom ou un pronom, selon que la phrase est positive ou négative. Je donnerai un exemple des divers cas : *ha c'houi a goms ?* parlez-vous? *Komzet hoc'h eus-hu ?* avez-vous parlé ? *Ha klañv eo hô preür ?* votre frère est-il malade? *Hag ann droug a bâd-hēñ bépréd ?* Le mal dure-t-il toujours? *Ha né gomzit-hu két?* ne parlez-vous pas? *N'hoc'h eus-hu két komzet ?* n'avez-vous pas parlé? *Ha né d-eo két klañv Iann ?* Jean n'est-il pas malade ? *Nag hé-mañ a hello ôber gwell ?* celui-ci ne pourra-t-il pas mieux faire ?

DES NÉGATIONS.

Ne, suivi ou précédé des mots *personne, aucun, rien,* se rend par *né* ou *na.* Ex. : *né wélann dén,* je ne vois personne. *Né rit nétrâ,* vous ne faites rien. *Né zeûiô hini,* aucun ne viendra. — *Ne*, suivi de *pas,* s'exprime par *né.... két.* Ex. : *Né zeûinn két abarz ann nôz,* je ne viendrai pas avant la nuit. — *Ne*, suivi de *que,* se rend par *né.... némét.* Ex. : *né ra némét kana,* il ne fait que chanter. *N'am euz néméd daou vével,* je n'ai que deux valets. — Si le *que* qui suit *ne* peut se tourner par *quelle chose,* on le rend par *pétrâ.* Ex. : *né ouzoñt pétrâ da ôber,* ils ne savent que faire. — *Ne*, suivi de *plus,* se rend par *né.... mui.* Ex. : *né hellann mui kerzout,* je ne puis plus marcher. — *Ni* s'exprime par *na.* Ex. : *na kik, na peskéd,* ni viande, ni poisson.

DES ADVERBES.

Lorsque l'adverbe est simple et qu'il est employé avec un adjectif, il se place avant l'adjectif. Ex. : *ré vrâz oc'h,* vous êtes trop grand. *Gwall domm eo,* il fait très-chaud. — L'adjectif *brâz* s'emploie aussi comme adverbe dans le sens de *très;* et, quoique adverbe simple, il se place après l'adjectif. Ex. : *dañtuz brâz eo,* il est très-satirique. — Quand l'adverbe est composé, comme *gwéc'hall (gwéac'h-all), awalc'h (a-walc'h),* etc., il se place après l'adjectif. Ex. : *poaz awalc'h eo,* il est assez cuit. — Quant à la place de l'adverbe, par rapport au verbe, nous avons déjà dit qu'il se met avant le verbe, si celui-ci est au personnel, et après le verbe, si ce dernier est à l'impersonnel. Ex. : *hiriô ez inn da Vrest,* ou *mé a iélo hiriô da Vrest,* j'irai aujourd'hui à Brest.

DES PRÉPOSITIONS.

De, précédé d'un adjectif ou d'un adverbe, se rend
par

par *a. Gólóet a éd.*, couvert de blé. *Kalz a win*, beaucoup de vin. — Précédé d'un verbe passif, ou signifiant *par*, *avec*, il s'exprime par *gañt*. Ex. : *karet eo gañd ann holl*, il est aimé de tout le monde. *Skei gañd ann dourn*, frapper de la main. *Mervel gañd ann naoun*, mourir de faim. — *De*, marquant le changement de possession, *digañt*. Ex. : *ann drá-mañ am euz bét digañt hó tád*, j'ai eu ceci de votre père. — *De*, servant à indiquer la matière dont une chose est faite, ne s'exprime pas. Ex. : *eur skudel bri*, une écuelle de terre.

A, suivi d'un nom ou d'un pronom, *da*. Ex. : *róit ann drá-zé da Vari*, donnez cela à Marie. — Marquant le lieu sans mouvement : *é*, *enn*, *er*. Ex. *Choum a ra é Brest*, *enn Alré*, il demeure à Brest, à Auray.—*A*, avec un verbe de mouvement, *da. Moñd a rann da Vrest*, je vais à Brest. Exceptions : *moñd a rann é kéar*, je vais à la ville ; *moñd a rann war ar méaz*, je vais à la campagne. — *A*, marquant la distance : *héd*, *war-héd*. Ex. : *war-héd diou léo diouc'h Kemper*, à deux lieues de Quimper. — Précisant le temps, *da*, *abenn*. Ex. : *da grésteiz é leininn*, je dînerai à midi. *Abenn eunn dervez-bennág goudé-zé*, à quelques jours de là. — *A*, entre deux nombres égaux, *ha*, *hag*. Ex. : *unan hag unan*, un à un. — Entre deux nombres inégaux, *pé*. Ex. : *naô pé zék*, de neuf à dix. — *A*, signifiant *avec*, s'exprime par *gañt*. Ex. : *gréat gañd ann nadoz*, fait à l'aiguille.

Chez, avec un verbe sans mouvement, *é ti*, *enn ti*. Ex. : *é ti va breúr*, chez mon frère. *Enn hé di é ma*, il est chez lui, mot-à-mot, il est dans sa maison. *Enn hô ti é ma*, il est chez vous. — Avec un verbe de mouvement, il se rend par *da di*. Ex. : *moñd a rann da di va breúr*, je vais chez mon frère.

En, avec un verbe de mouvement, *da*. Ex. : *éat eo da Vró-C'hall*, il est allé en France.— Avec un verbe sans mouvement, *é*, *enn*. Ex. : *Choum a ra é kéar*, il demeure en ville.

Je n'ai donné ici que les acceptions principales des prépositions, le dictionnaire indique les autres.

DES CONJONCTIONS.

Encore, signifiant *de plus*, s'exprime par *c'hoaz* ; signifiant *derechef*, se rend par *adarré*. Ex. : *béva a rai c'hoaz pell*, il vivra encore longtemps. *Deüet eo adarré*, il est encore venu. — *Encore que*, se traduit par *pégé-*

meñt-bennâg ma. Ex. : *pégémeñt-bennâg ma eo pinvidik*, quoiqu'il soit riche.

Et, *ni*, se rendent par *ha*, *hag*, et *na*, *nag*. C'houi *ha mé*, vous et moi. *Nag ann eil nag égilé*, ni l'un ni l'autre.

Mais se traduit par *hógen* ou *ervâd*. Ex. : *hé-mañ a zô mâd, hógen égilé né d-eo két*, ou bien, *hé-mañ a zô mâd, égilé ervâd né d-eo két*, celui-ci est bon, mais l'autre ne l'est pas.

Que, entre deux verbes, se rend par *pénaoz*. Ex. : *gouzout a rann pénaoz oc'h pinvidik*, je sais que vous êtes riche. — *Que*, exprimant la comparaison, se traduit par *égét*, *évit*. Ex. : *bihanoc'h eo égéd-oun*, *bihanoc'h eo évid-oun*, il est plus petit que moi.

Si, au commencement de la phrase, *ma*, *mar*. Ex. : *ma venn pinvidik*, si j'étais riche. *Mar kirit*, si vous voulez. On emploie *ma* quand le mot qui le suit commence par *l*, *n*, *v*; *mar* s'emploie devant les autres lettres. — *Si*, après un verbe, *ha*, *hag*. Ex. : *gouzout a rit-hu hag hi a zô iac'h?* savez-vous si elle est bien portante? — *Si*, signifiant *tant*, *tellement*, se rend par *ker*, *ken*. Ex. : *ker gwiziek eo ma oar pép-trâ*, il est si savant qu'il sait tout.

CONSTRUCTION DES MOTS COMPOSÉS ET DE QUELQUES CELTICISMES.

Nous avons déjà parlé de la préposition composée *é-ti*, chez. On a vu que ces mots se combinent avec les pronoms possessifs, en exigeant les permutations signalées dans la 1re partie. Ainsi, on a dit : *é ti hé dâd*, chez son père, mot-à-mot, dans la maison de son père; *enn hé di*, chez lui, m.-à-m., dans sa maison. La construction sera analogue pour les prépositions composées *étouéz*, *émétou*, *émesk*, *ékreiz*, parmi; *ékeñver*, envers. Ainsi, on dit : *enn hon touez*, *enn hon mesk*, *enn hor métou*, parmi nous, mot-à-mot, dans notre milieu; *em c'heñver*, pour *enn ma c'heñver*, envers moi, m.-à-m., en mon endroit; *enn hó c'hreiz*, au milieu d'eux; *é-keñver ann dûd*, envers les hommes; *enn hé geñver*, envers lui.

Kas-kuit, chasser, ou *kas er méaz*. *Mé hó kasô-kuit*, *hó kas a rinn kuit*, je vous chasserai *Kaset eo kuit*, il a été chassé. *Kas a réaz anezhô er-méaz euz ar baradoz*, il les chassa du paradis. *Jézuz o veza kaset-kuit ar bobl*, Jésus ayant renvoyé le peuple.

Poull-kaloun, estomac. *Divarc'ha poull ar galoun*, dévoyer l'estomac. *Grévet eo poull hé galoun*, il a l'estomac oppressé, m.-à-m., oppressée est la fosse de son cœur.

Le mot *penn*, tête, joint au nom d'un animal au pluriel, indique un seul de ces animaux. Ainsi : *eur penn dénved, eur penn kézék, eur penn gwazi*, une brebis, un cheval, une oie, mot-à-mot, *une tête des brebis, des chevaux, des oies. Kañt penn dénved*, cent brebis.

Les mesures et tous les objets de capacité, ainsi que quelques autres mots, s'expriment de deux manières différentes, selon que l'on désigne, soit ces objets eux-mêmes, soit la quantité des matières nécessaires pour les remplir ou les couvrir. Il faut d'autant plus faire attention à ces locutions, qu'en français on les rend généralement par le même mot. Ainsi, en français, on dit : le verre est cassé ; un verre de vin. En breton, on exprime ainsi ces deux phrases : *torret eo ar wéren ; eur wérennad win*, m.-à-m., *une verrée de vin, un verre plein de vin*. Cette pipe est grande, *bráz eo ar c'hornmañ*. Donnez-moi une pipe de tabac, *róit d'in eur c'hornad butun*, m.-à-m., *une pipée. Gwennék* signifie *un sou*, monnaie ; *gwennégad* exprime ce qui se paye un sou. J'ai un sou, *eur gwennég am euz*. Donnez-moi pour un sou de pain, ou, un pain d'un sou, *róit d'in eur gwennégad bara*. Un bateau plein de poisson, *eur vagad pesked*. Il en sera de même de *gwalen*, aune ; *gwalennad*, la valeur d'une aune ; *leúr*, aire à battre le blé ; *leúriad*, aire couverte de blé, et d'une foule d'autres mots.

FIN DE LA GRAMMAIRE.

PROSODIE BRETONNE.

Notre dessein n'est pas de donner ici un traité complet de la prosodie bretonne, mais seulement les règles essentielles, propres à guider dans l'art de faire des vers. Ces règles, qu'aucun grammairien breton-armoricain n'a encore données, nous semblent le complément naturel de toute grammaire. Nous en empruntons une grande partie à l'introduction du BARZAZ-BREIZ, *Chants populaires de la Bretagne*, recueillis par M. Th. Hersart de la Villemarqué (1).

La prosodie bretonne, comme celle de plusieurs peuples de l'Orient, est fondée sur le mètre et la rime. Le mètre regarde le nombre des syllabes qui entrent dans les vers, et la manière de les grouper ; la rime concerne les dernières syllabes qui terminent les vers et doivent avoir un même son.

I. DU MÈTRE OU DU NOMBRE DE SYLLABES.

Il y a en breton des vers de différents mètres, c'est-à-dire qu'on distingue par le nombre des syllabes dont ils sont composés. Les plus courts ont trois, quatre, cinq, six, sept et huit syllabes ; les plus longs en ont neuf, dix, douze, treize et quinze.

En voici des exemples, tirés des plus anciens bardes bretons connus, de ceux qui vécurent au cinquième et sixième siècles, âge d'or de la poésie bretonne. Leurs œuvres, dont l'authenticité est incontestable, ont été publiées par Owen Jones, de Myvir, dans le premier volume de son recueil intitulé : *Myvirian archaiology of Wales*. Les citations que nous allons en faire, comme exemples, prouveront que notre langue et notre prosodie nationales n'ont pas changé depuis les temps les plus reculés.

---

(1) 2 vol. in-18 (4e édition). Paris, chez A. Franck, rue Richelieu, 69 ; et, en Bretagne, chez tous les libraires.

VERS DE TROIS SYLLABES.

Hi a gân
À-unan :
« *O Briz , hi !*
» *Briz , ohi !*
» *Orôi !*
» *Sec'h édi !* »

Ils chantent tous d'une voix : «O *Tatoué*, hé ! O *Ta-*
» *toué*, ho ! hé ! réponds-nous ! Il fait sec (1). »
Taliésin (de l'an 520 à 570).

VERS DE QUATRE SYLLABES.

Plijét d'hon Tâd ,
(Eñv-holl hé c'hrâd) !
Diwall Bréton
Râg ar Zaôzon.

Plaise à notre Père (dont la bonté est toute céleste) de
défendre les Bretons contre les Saxons.
Merzin (de l'an 530 à l'an 600).

VERS DE CINQ SYLLABES.

Diez véz arat
Héb houarn , héb hâd.

Il serait malaisé de labourer sans fer et sans semaille.
Taliésin.

VERS DE SIX SYLLABES.

Kala-goañ , kaled greûn ;
Déliou kouet , lennou leûn.

A la Toussaint , le grain (est) dur , les feuilles (sont)
tombées , les étangs (sont) pleins.
Liwarc'h-hen (de 550 à 670).

VERS DE SEPT SYLLABES.

Miz Kerzu , berr deiz , hir nôz ;
Gwenen a dav ; broenn war roz ;

Au mois de Décembre , le jour (est) court, la nuit

____

(1) Les Bretons païens adressaient cet hymne au dieu tatoué ou
bigarré de l'*arc-en-ciel*, pour obtenir de la pluie , dans les temps
de grande sécheresse.

longue ; les abeilles se taisent ; le jonc (pousse) sur la colline.

Aneurin (de 510 à 560).

VERS DE HUIT SYLLABES.

Abarz ma vézô fin ar béd,
Falla douar, ar gwella éd.

Avant la fin du monde, la plus mauvaise terre (produira) le meilleur blé.

Gwenc'hlan (450).

VERS DE NEUF SYLLABES.

Horden a c'hlac'har ez eo war-n-oun ;
Dék bloaz ha daou-'geñt é poan éz ounn.

Un fardeau de douleur est sur moi ; depuis cinquante ans, je suis en peine.

Merzin.

VERS DE DIX SYLLABES.

Eur feuñteun frouez, leûn, éz eo aziouc'h-ni ;
C'houékoc'h égéd gwin gwenn eo hé lenn-hi.

Une fontaine de fruits, toute pleine, est au-dessus de nous ; son étang est plus doux que du vin blanc.

Taliésin.

VERS DE DOUZE SYLLABES.

Gañt va skoed war va skoaz, va c'hlézé war va c'hlûn ;
E koad Kélidoni é kouskiz-mé va hûn.

Avec mon écu sur mon épaule, mon épée sur mon flanc, au bois de Kélidon, j'ai dormi mon sommeil.

Merzin.

VERS DE TREIZE SYLLABES.

Pa zeûi añkou em c'halon, ar gloaziou, ar c'hrenvan,
Pentiern ann tiernez, da drugarez c'houlann.

Pour l'heure où la mort viendra dans mon cœur, et les angoisses et le tremblement, Seigneur souverain de la souveraineté, je te demande ta pitié.

Taliésin.

VERS DE QUINZE SYLLABES.

Va gwélé a éonor er groan, am éréa réor énon,
Eur c'hlustok men dindân va fenn, eunn dufen prenn
[dindân-on.

On m'arrangera mon lit dans le sable , on me liera là ;
un oreiller de pierre sous ma tête, une douve de bois
sous moi. *Taliésin.*

II. DE LA DIVISION DES SYLLABES ET DE LA CÉSURE.

Pour savoir comment compter les syllabes ou la quantité, il faut recourir à l'usage , tel qu'il a été constaté
par Le Gonidec, et fixé dans ses dictionnaires, qui offrent
à cet égard une sorte de *Gradus ad Parnassum.* Les diph-
thongues seules présentent quelques difficultés ; il serait à
désirer qu'on n'en fît qu'une syllabe , comme les anciens
bardes. Il y a quatre espèces de mètres , dans lesquels un
certain repos doit couper le vers , à un moment donné.
Ce sont les vers de dix, douze, treize et quinze syllabes.
Ce repos ou cette césure doit être placé , 1° dans les vers
de dix syllabes , après la quatrième ; ex. :

<pre>
    1 2   3 4   5 6   7 8 9 10
    Mé eo , Merzin , — am euz vátisinet,
    Eur map bihan — a zeûi da vout ganet.
</pre>

C'est moi , Merlin , qui ai prédit qu'il naîtra un petit
enfant.

Vie de sainte Nonne (XIIe siècle).

2° Dans les vers de douze syllabes , après la sixième ;
ex. :

<pre>
1 2   3 4 5 6   7 8   9 10 11
Péb kroaz rûz war hô skoaz , — péb marc'h brâz, péb ban-
                                              12
                                            niel ,
</pre>

Evit klask ann otrou — da vonet d'ar brézel.

Chacun (avec) une croix rouge sur l'épaule, chacun
(avec) un grand cheval , chacun (avec) une bannière venait
chercher le seigneur pour aller à la guerre.

BARZAZ-BREIZ. *L'épouse du Croisé* (XIIe siècle).

3° Dans les vers de treize syllabes , après la septième ;
ex. :

<pre>
1   2   3 4 5   6 7   8   9 10 11 12   13
Eur iouc'haden a gleviz — iouc'haden ar peûr-zorn ,
Adalék Kréac'h-Sañt-Mikel — tré bétég traoñ Elorn.
</pre>

J'ai entendu un cri de joie, le cri de joie qu'on pousse
quand le battage s'achève , retentir depuis le Mont-Saint-
Michel jusqu'à la vallée d'Elorn.

BARZAZ-BREIZ. *Alain-le-Renard* (Xe siècle).

4º Dans les vers de quinze syllabes, après la huitième ;
ex. :

```
1  2 3  4   5    6 7 8      9 10 11  12  13 14 15
```
Mé gléviz ma dous ô kana, — kana gé war ar ménez,
Ha mé moñt da zével eur zon — da gana gant-hi ivèz.

J'entendis ma belle chanter, chanter gaiement sur la
montagne, et moi de faire une chanson pour chanter avec
elle aussi.

Barzaz-Breiz. *L'appel des pâtres* (xviie siècle).

III. DE LA RIME.

Les finales des vers devant s'accorder par le son, plus
le son sera uniforme, et plus aussi l'oreille sera char-
mée. Il est donc nécessaire que cet accord soit parfait,
ou, en d'autres termes, que les vers riment convenablement.

Pour qu'ils riment d'une manière suffisante, les dernières lettres doivent produire le même son ; ex. :

Mar varvomp ével ma dléed,
D'ar gristenien, d'ar Vretoned,
Morsé na varvimp ré abred.

Si nous mourons comme doivent mourir des chrétiens,
des Bretons, jamais nous ne mourrons trop tôt.

Barzaz-Breiz. *La marche d'Arthur* (vie siècle).

Pour qu'ils riment richement, la ressemblance de sons
et d'orthographe doit être encore plus rigoureuse, et, à
l'identité de consonnance, doit se joindre l'identité d'ar-
ticulation ; ex. :

Mar d-eo gan-in stouet ma bek,
Mar m'euz keûz, né ked béb abek.

Si j'ai la tête baissée, si je suis chagrin, ce n'est pas
sans motif.

Barzaz-Breiz. *Prédiction de Gwenc'hlan* (ve siècle).

On ne peut tolérer que dans la poésie populaire les
rimes par simple assonnance, c'est-à-dire, où les sons
ne s'accordent qu'imparfaitement, et où une seule voyelle
finale est la même ; si cependant cette voyelle est un *a* ;
ou bien, si c'est un *é*, un *i*, un *o* ou un *u*, placés, soit à
la fin d'un monosyllabe rimant avec un autre monosyllabe, soit précédés d'une autre voyelle, mais détachés

de manière à former à eux seuls un son, et rimant avec la même lettre, isolée de la même façon, comme *la-é* avec *Dou-é*, etc., la rime sera suffisante. Taliésin en donne l'exemple.

Les anciens bardes bretons poussèrent si loin l'amour de l'harmonie, qu'à la rime ils ajoutèrent, pour le corps même du vers, une consonnance d'une autre nature, qu'on appelle *allitération*, et qui consiste à grouper symétriquement dans un vers des mots où se trouvent des consonnes semblables.

En voici un exemple ; c'est le refrain d'un chant breton composé au sixième siècle :

Tân ! tân ! dir ! oh ! dir ! tân ! tân ! dir ha tân !

Tann ! tann ! tir ha tonn ! tonn ! tonn ! tir ha tann !

O feu ! ô feu ! acier ! ô ! acier ! ô feu ! feu ! ô acier et feu ! ô chêne ! ô chêne ! ô terre et flots ! ô flots ! ô flots ! ô terre et chêne !   BARZAZ-BREIZ. *La danse de l'épée.*

IV. DE LA COMBINAISON DES VERS.

§ 1ᵉʳ. DES VERS A RIMES PLATES, DES VERS A MESURES ÉGALES ET INÉGALES.

Les vers bretons s'assemblent de manière à former des stances de deux, trois, quatre, six, huit, dix et douze vers, qui ont tous, en général, un nombre égal de syllabes ; en général aussi, ils sont à rimes plates, c'est-à-dire que deux, trois, ou même quatre vers rimant ensemble, sont suivis de deux, trois ou quatre autres rimant pareillement ensemble, mais différemment des premiers, comme dans tous les exemples cités plus haut. Cependant, on en trouve souvent jusqu'à douze, et même davantage, sur la même rime, principalement dans l'ancienne poésie bretonne. Elle offre également, ainsi que la poésie moderne, des strophes où le nombre des syllabes varie. Nous en avons un exemple dans le refrain si populaire du chant national de M. Brizeux. Il est formé de trois vers monorimes : le premier, de quatre syllabes ; le second, de trois ; le dernier, de six.

Ni zô bépred
Brétoned,
Brétoned, tûd kaled.

Nous sommes toujours Bretons, Bretons de race forte.
TÉLEN ARVOR. *Chant des Bretons.*

La strophe suivante, d'une satire composée par un autre poëte breton, vivant, M. le docteur Guizouarn, contient aussi des vers de différentes mesures :

> Ar gwîn, ar zist, ar gwîn-ar-dàn,
> Zô mâd da bép-unan,
> Egiz al lez d'ar babik,
> Ar c'hâfé rouz d'hé vammik,
> Ar bérad gliz d'ar c'houlin besk,
> Ha dour al lenn d'ar pesk.

Le vin, le cidre, l'eau-de-vie sont nécessaires à chacun, comme le lait au poupon, le café roux à la nourrice, la goutte de rosée au lapin écourté, et l'eau de l'étang au poisson.

La Confrérie de saint Isidor.

§ II. DES VERS A RIMES MÊLÉES.

Nous avons dit que les vers à rimes plates, comme tous ceux qu'on a lus jusqu'ici, sont principalement en usage dans la poésie bretonne ; elle a pourtant aussi des vers à rimes mêlées régulières. Etant donnée, par exemple, une strophe de huit vers, les trois premiers riment ensemble, le cinquième, le sixième et le septième riment aussi entre eux, et le quatrième avec le huitième ; ex. :

> D'Adam ha d'hé bâr
> Oé rôet eunn alar
> Da dorri douar,
> Da gaout bara ;
> Eunn archael, kannad
> Doué uc'hel-dâd,
> A zigasaz hâd
> Da hada d'Eva.

Adam et sa compagne reçurent une charrue pour labourer la terre, pour trouver du pain ; un archange, messager de Dieu, le céleste père, porta de la semence à semer à Eve.   *Taliésin.*

Cette forme rhythmique a été plusieurs fois employée depuis Taliésin, pour des stances de six vers, par différents poëtes dramatiques bretons, entr'autres, par les auteurs des *Mystères de sainte Nonne et de sainte Barbe*, le premier, du XIIᵉ, le second, du XVᵉ siècle : elle l'a été tout récemment par M. l'abbé Clerc'h, recteur de Plougas-

nou , dans un hymne à la Vierge dont voici une strophe
en vers de douze et de huit syllabes :

> C'houi ziwallô va mâb , c'houi hoc'h euz héñ roet ;
> Na fell kéd d'é-hoc'h é vé , didud ha divroet,
>   Kaset pell euz ar ménez-mañ ;
> Nann ! Nann ! na fell ked d'é-hoc'h é vé'vel hualet
> E môgeriou eur géar é léac'h na gomzer ket
>   Ar brézoneg ével amañ.

> Vous sauverez mon fils , vous nous l'avez donné ,
> Et vous ne voudrez point que seul , abandonné ,
>   On le chasse de sa montagne ;
> Non, vous ne voudrez point qu'on enchaîne ses pas
> Dans les murs d'une ville où l'on ne parle pas
>   Le doux langage de Bretagne.
>   *Le livre des mères chrétiennes.*

§ III. DES VERS A RIMES ALTERNÉES.

Comme les vers à rimes mêlées, ceux à rimes alternées ne
sont en usage que dans notre poésie écrite. Les cantiques
bretons, et particulièrement le grand recueil de M. l'abbé
Henry , intitulé KANAOUENNOU SANTEL , qui remplace si
heureusement toutes les compilations sans critique publiées avant lui, en offrent de nombreux exemples (1).
On en trouvera aussi dans la collection des chants composés pendant la révolution et mis au jour par M. l'abbé
A. Durand , de Trégnier, sous le titre de AR FEIZ HAG AR
VRÔ (2). Nous empruntons le suivant à un poëte moderne
dont la Bretagne pleurera longtemps la perte , à l'abbé
Le Scour :

> Mil meûleûdi d'ar Vreizadiz
> A zalc'h hô banniel stard hag huel
> Enep darn deûz hô c'henvroiz
> A ra faé war gwerzou Breiz-Izel !

Honneur mille fois aux Bretons qui tiennent leur bannière haute et ferme en face de leurs compatriotes qui
dédaignent la poésie bretonne !   *Le Barde.*

§ IV. DES VERS LIBRES.

Pour les vers libres , peu usités en breton , on ne suit
aucune symétrie , ni quant au nombre des syllabes , ni

____

(1) Saint-Brieuc, chez L. Prud'homme.
(2) A Vannes , chez Lamarzelle.

quant à l'arrangement des rimes. Le docteur Guizouarn
en offre un modèle dans une épître à M. De la Villemarqué :

> Pa vézô deût ann héol da gas é-biou
> Ann erc'h, ar grizil hag ar riou ;
> Pa luc'hô war hor penn adarz ;
> Pa wélimp al laboused,
> Ann aéred, ar glazarded,
> Oc'h héolia tost d'ar c'harz,
> Ar *Post* a gasô tré d'ann ti ém'oc'h ébarz
> Eur ganaouen
> Drant ha laouen
> Grét dré c'hoari ha dré c'hoarz.

« Quand le soleil aura chassé la neige, la grêle et la
froidure ; quand il brillera d'aplomb sur nos têtes ; quand
nous verrons les oiseaux, les couleuvres, les lézards se
chauffer au soleil, au bord de la haie, la poste fera
parvenir à votre adresse une chanson vive et joyeuse, faite
en jouant et en riant. »

Mais, si le poëte, dans les vers libres, peut s'affran-
chir des lois de la symétrie, il n'en doit pas moins obéir
à celles de l'harmonie qu'enseigne une oreille exercée,
et qui sont aussi invariables et aussi rigoureuses que les
premières.

V. DES LICENCES POÉTIQUES.

§ I. DES INVERSIONS.

La poésie bretonne admet certaines tournures et certaines hardiesses que la prose ne permet pas. Ces tournures regardent les phrases et consistent dans quelques
transpositions ou inversions qu'on ne ferait pas en suivant le sens direct et grammatical. Ces hardiesses ont
pour objet les mots de la langue, qu'elles détournent de
leur dialecte naturel ou qu'elles modifient. Il est inutile
d'insister sur les inversions et d'en donner des exemples ,
l'essentiel est qu'elles ne soient pas forcées et contraires
au génie de la langue. Quant à la faculté, commune aux
poëtes bretons, armoricains et gallois, et que les poëtes
grecs avaient aussi de mêler les dialectes et d'altérer
les mots, elle exige quelques remarques.

§ II. DU MÉLANGE DES DIALECTES.

Règle générale : on peut mêler discrètement ensemble
deux

deux ou trois dialectes très-voisins. Ainsi, il est loisible, si l'on écrit dans le dialecte celtique de Léon, d'emprunter des mots et des formes à ceux de la Basse-Cornouaille et du Bas-Tréguier ; et, si l'on emploie le dialecte de Vannes, de faire des emprunts à ceux de la Haute-Cornouaille et du Haut-Tréguier, qui s'en rapprochent ; mais il n'est point permis de mélanger dans une même pièce les idiomes trop éloignés de Vannes et de Léon. Aucun de nos poëtes n'a violé cette règle. D'après elle, un classique dira *névez*, qui est de Léon, ou *névé*, qui est de Cornouaille ; jamais *néüé*, qui est de Vannes. *Madou*, *madaou*, ou *mado*, jamais *madeu*. *D'ézhan*, ou *d'éan*, jamais *d'ohon*. *Meuli* ou *meuliñ*, jamais *meulein*. *Lavarout*, ou *lavaret*, ou même *laret*, jamais *larein*. *Digouézet*, ou *digouet*, jamais *digouéiet*. *Béza* ou *béa*, jamais *but* ou *bout*. *Gan-é-omp* ou *gén-omp*, jamais *gén-emp*. *Hor* ou *hon*, jamais *hun*, etc. M. l'abbé Henry a donc suivi la règle, lorsqu'il a dit :

> Dék vloaz zô émaiñt ô sunal :
> Ar c'houéz a ziver ouz hon tal ;
> Pétra chomm mui *gén-omp*, a vâd,
> Néméd *hon* divréac'h bag *hon* gwâd ?

« Voilà dix ans qu'ils nous sucent : la sueur coule de nos fronts ; que nous reste-t-il désormais, en vérité, que nos deux bras et notre sang ? »   (*L'appel.*)

§ III. DES ALTÉRATIONS DES MOTS.

Outre les modifications qui proviennent du changement de dialecte, il y a d'autres altérations qu'on peut faire subir aux mots quand la mesure des vers l'exige : elles consistent dans la suppression d'une voyelle, soit à la fin d'un mot, soit au commencement, soit au milieu.

1° A la fin d'un mot. — Lorsqu'une voyelle finale en rencontre une autre, cette voyelle peut être élidée ; ainsi on a la faculté d'écrire *d'Adam* (avec une apostrophe qui indique la lettre élidée), pour *da Adam*. *D'ôber*, pour *da ôber*. *N'anavézann*, pour *na anavézann*. *N'hallann*, pour *né hallann*. *Sét'unan*, pour *sétu unan*. *En'ô kana*, pour *énô ô kana*. *P'oa*, pour *pa oa*. *Goud'é teüaz*, pour *goudé é teüaz*. *M'en em gavaz*, pour *ma en em gavaz*. *Moug' ann tân*, pour *mouga ann tân*. *Laz' ar bleiz*, pour *laza ar bleiz*, etc., etc.

6

2° Au commencement d'un mot. — La plupart des prépositions et des conjonctions peuvent perdre leur lettre initiale, quand cette lettre est un *a* ou un *e*. On écrit donc à volonté : *a-héd, araok*, ou *héd, raok*, etc. *Egét, évit, ével, étal, ékichen, éléac'h, ébarz, étouez*, etc., ou *'gét, 'vit, 'vel, 'tal, 'kichen, 'léac'h, 'barz, 'touez*, etc. Les anciens bardes bretons offrent des exemples multipliés de tous ces retranchements de lettres ; en voici trois tirés d'un poëte de nos jours :

> Goudé al loar, ar stéréd bag ann dévalijen,
> Gañd ann héol péb miñtin é par ar sklérijen,
> *'Barz* ann oabl ann alc'houéder a zaô enn eur gana,
> *'Vel* enn amzer dréménet, mémez trâ, mémez trâ.

« Après la lune, les étoiles et les ombres, la lumière chaque matin brille avec le soleil, l'allouette en chantant s'élève dans les airs tout comme au temps passé, de même, tout de même. »

Prosper Proux.

3° Au milieu d'un mot. — Nos anciens bardes employaient souvent ce genre de syncope, d'un usage si ordinaire, autrefois chez les Grecs, et chez d'autres peuples modernes. Ils disaient, par exemple, *kémér't*, pour *kéméret*; *gwél't*, pour *gwélet*; *kerc'h'n*, pour *kerc'hen*, etc., contractions qui n'ont plus lieu, en Bretagne, que dans la langue et la poésie vulgaire. Cependant, on en trouve plusieurs dans les vers du docteur Guizouarn, dont le nom fait autorité :

> Egiz ann avel, bété Kast
> D'ann daou lamm-rûz oenn *kas't.*

« Comme le vent, jusqu'au bourg de Kast je fus emporté en deux bonds », a-t-il dit.

Kas't est ici pour *kaset ;* mais cette syncope produit un effet rhythmique des plus heureux ; et on peut se permettre hardiment toute licence poétique aussi favorable à la beauté des vers. Ceux de M. J.-M. Guizouarn, nous sommes heureux de trouver l'occasion de le dire, sont des modèles de facture et d'harmonie. Personne n'a du rhythme un sentiment plus vif ; il en a fait une étude particulière ; et ses travaux, s'il les publiait, seraient le complément de la grammaire et des dictionnaires de Le Gonidec.

CONCLUSION.

Puisque nous avons prononcé le nom de ce maître à jamais cher et vénéré, rendons à sa mémoire le culte qui lui sera certainement le plus agréable, en respectant l'admirable charte littéraire qu'il nous a léguée. D'ailleurs, pour bien écrire en vers, les poëtes doivent savoir leur langue et obéir aux lois de la grammaire. Sans elle, a dit Boileau,

. . . . : L'auteur le plus divin
Est toujours, quoi qu'il fasse, un méchant écrivain.

Ces lois sont comme un gouvernail qui fait éviter les écueils ; or , tout le monde sait le proverbe :

Néb na zeñt kéd ouz ar stûr,
Ouz ar garrék a rai zûr.

FIN DE LA PROSODIE.

ERRATA.

———

Page 1 , lig. 26 , *au lieu de* ue,   *lisez* , que.
      1.   27,   recourir ,   à recourir
      1.   28,   gnes ,   sigues.
      3.   22, *ajoutez :* Il y a quelques exceptions ::
                          grac'h, etc.
     10.   41 , *après* cinquième, *ajoutez :* ar penvc
                 le cinquième ; *ar bemved*, la cinquièm
     17.   28 , 1re col. , au lieu de MODE IMPÉRATIF, *lise*
                               MODE IMPÉRAT.
     17.   37, 2e   *ajoutez :* eut.
     25.   29, 1re   hi a gân.
     25.   31, 2e   *au lieu de* hi édeuz kanet , *lis*
                              hi é deuz kau
     41.   7, *au lieu de* drédérenn, *lisez* , drédérem
     45.   26 ,   wézenn-bennâg , *lisez* , wéz
                                  benu.
     47.   3 ,   égéd oun ,   *lisez* , égéd-o
     47.   15 ,   Hô mâb é lavar ,   hô mâl
                                  a lavas

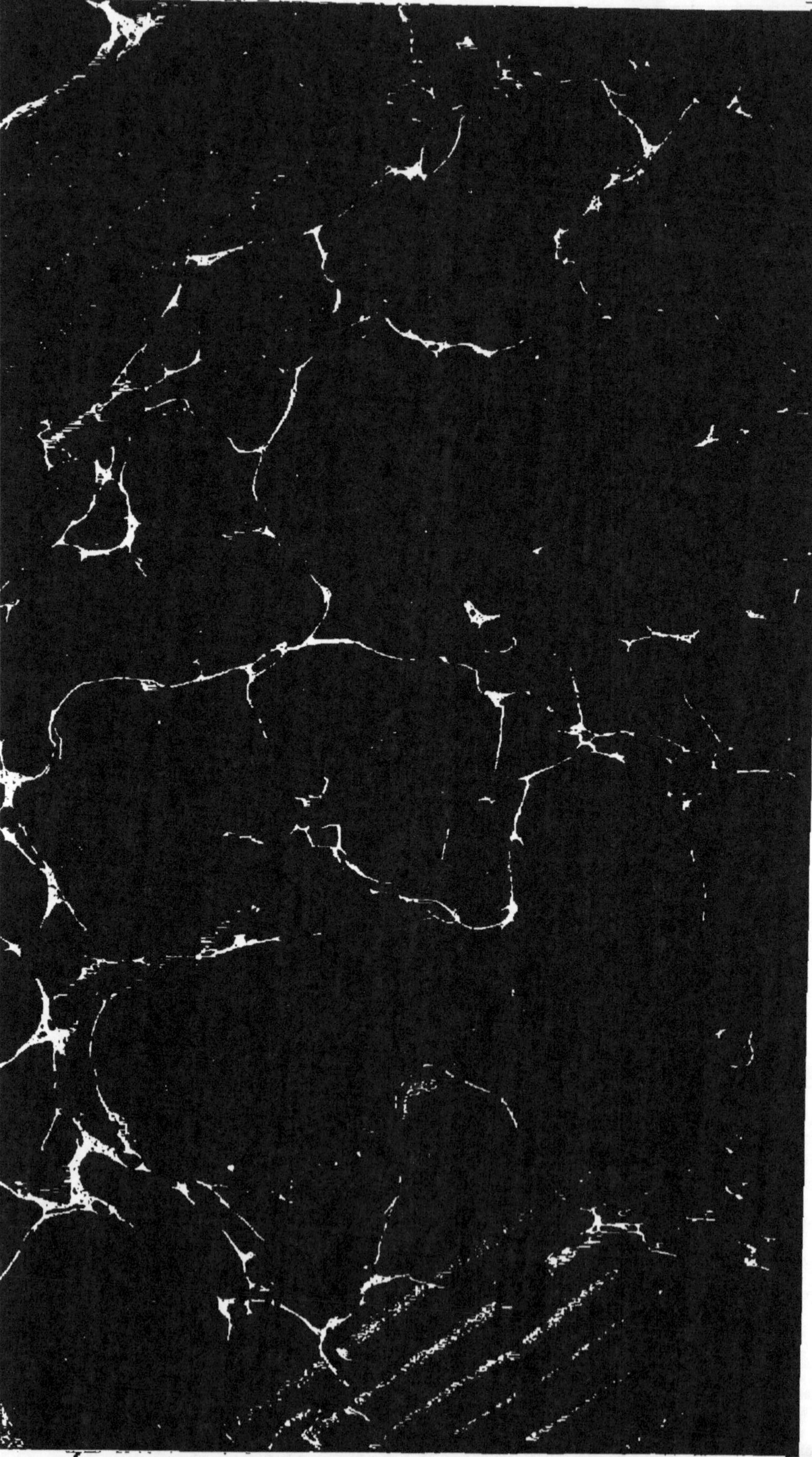

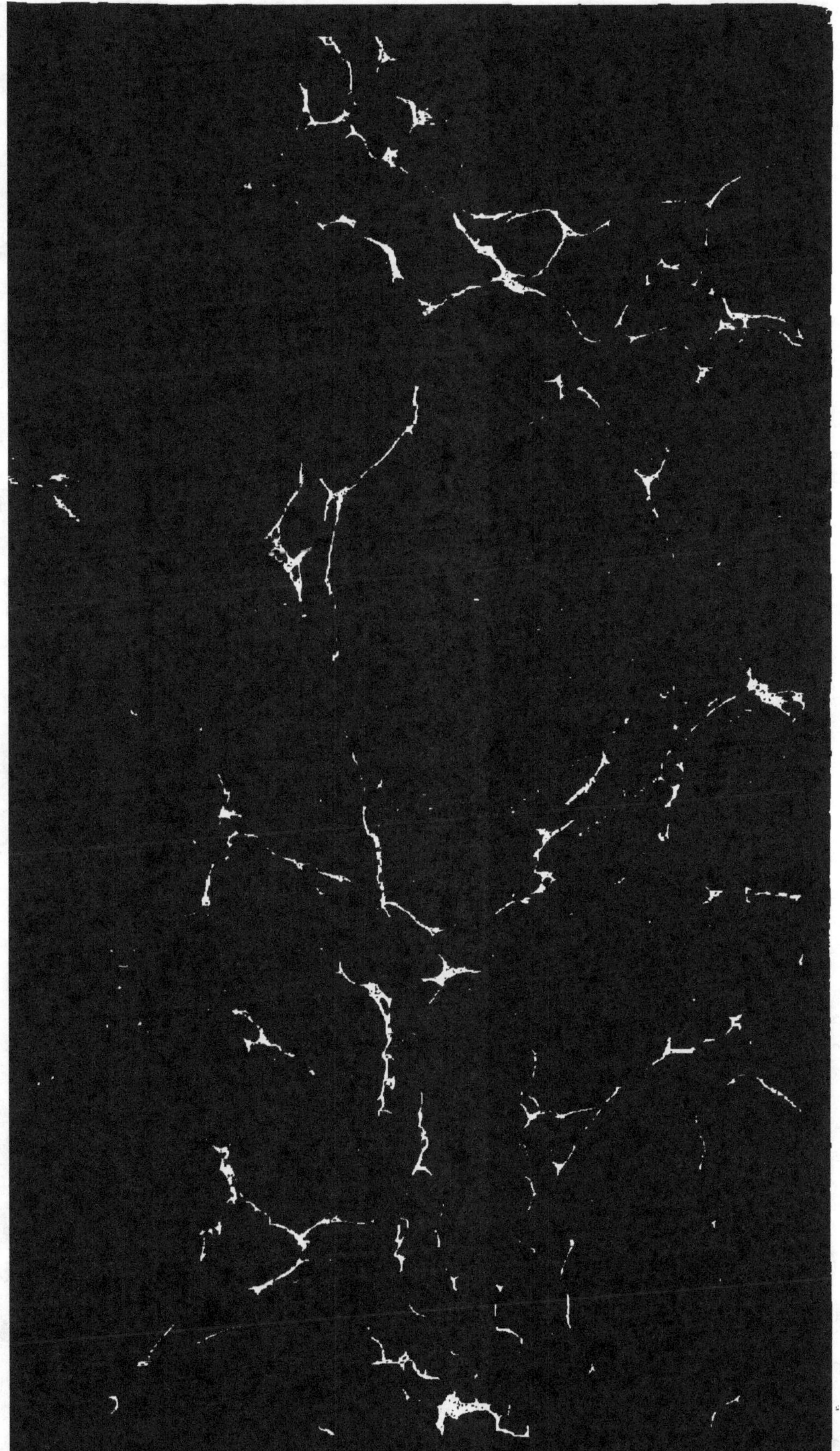